拖延症患者自救手册

STOP WASTING TIME

[美] 加兰·库尔森 著
（Garland Coulson）
王青 译

北京时代华文书局

图书在版编目（CIP）数据

拖延症患者自救手册 /（美）加兰 · 库尔森著；王青译
. -- 北京：北京时代华文书局，2020.8
ISBN 978-7-5699-3418-2

Ⅰ. ①拖… Ⅱ. ①加… ②王… Ⅲ. ①时间–管理–
通俗读物 Ⅳ. ① C935-49

中国版本图书馆 CIP 数据核字 (2020) 第 012271 号

著作权合同登记号　图字：01-2019-7345

拖延症患者自救手册

TUOYANZHENG HUANZHE ZIJIU SHOUCE

著　　者 | [美] 加兰 · 库尔森
译　　者 | 王　青
出 版 人 | 陈　涛
选题策划 | 王思杰
责任编辑 | 徐敏峰
装帧设计 | 柒拾叁号
责任印制 | 郝　旺
出版发行 | 北京时代华文书局 http://www.bjsdsj.com.cn
北京市东城区安定门外大街 136 号皇城国际大厦 A 座 8 楼
邮编：100011　电话：010 - 83670692　64267677
印　　刷 | 北京中科印刷有限公司
（如发现印装质量问题，请与印刷厂联系调换）
开　　本 | 880mm×1230mm　1/32
印　　张 | 6.5
字　　数 | 97 千字
版　　次 | 2020 年 8 月第 1 版
印　　次 | 2020 年 8 月第 1 次印刷
书　　号 | ISBN 978-7-5699-3418-2
定　　价 | 45.00 元

目录

CONTENTS

第二章　第一周：训练意念

第三章　第二周：构建上层结构

第四章　第三周：实现时间自由

第七章　拖延症的自测

前 言
如何利用这本书？

开诚布公地说，这可能不是你读过的第一本关于工作效率和拖延症的书。没关系，这点我完全不介意。事实上，所有人，不管他有多么成功，都对如何让工作更有效率饶有兴趣。

你可能读过很多书，里面的内容听起来也很棒，但实际却并没有带给你一直心心念念的高效率。这就是为什么我没有再写一本类似的没有实际意义，且还有可能被束之高阁的书，而是组织了一个为期五周的培训项目，让你学到在工作中操作性强并坚持使用的技巧。本项目不是简单地讨论如何改进，而是提供清晰明了、循序渐进的指导，以避免你浪费时间。

那么，关于应对拖延症，我凭什么能让你听从我的建议呢？这还得从我的个人经历说起。多年来我一直从事时间管理顾问的工作，但我也并非天生就是这方面的专家。我的时间管理之旅始于二十多岁的时候，当时我是一家银行的基层经理，虽然我能力出众，工作也很努力，但欠缺出色的时间管理技巧。其实我当时的时间管理能力也不算太糟，至少可以保证顺利完成工作任务，但还不足以让我在有限的工作时间内做到出类拔萃。

然后，有一年圣诞节，我的经理送给我一个可爱的红色皮革时间管理器作为圣诞礼物。当我整理活页夹里的页面时，一下子就被其高妙优雅的规划系统吸引住了。该系统的日历除了具有预约功能外，还可跟踪要拨打的电话、需处理的账单及待完成的任务。此外，该系统还有一个单独模块：专门用于记录设定目标、客户笔记、会议笔记等。这个简单的工具所展现出的高水准时间管理功能让我在惊讶之余，也让我进入了一个全新的思想境界，让我思考该如何工作，以及如何管理时间。

从那一刻起，我就上瘾了。我开始沉醉于时间管理的学习，如饥似渴地阅读我能找到的关于时间管理的每一本书、每一篇文章和每一个培训项目资料。不仅如此，每天上下班时，我都在车里收听关于时间管理的音频课程。

随着我对这一领域的理解日渐加深，同事们开始向我寻求建议，我在帮助同事们规划时间、并向他们展示更有效的时间管理技巧的同时，也开始慢慢领悟到了许多其他“大师”所做的事情：授课是真正理解某件事的重要途径。因为在授课的过程中，我可将一个主题分解并提炼萃取出其最纯粹、最精华的部分，帮助他人清楚地理解并有效地掌握。我还发现辅导他人有助于我更快地将时间管理的原则融入自己的生活中。我开始为我工作过的公司举办内部培训班，并最终成立了自己的公司，专门做时间管理培训。现在，我每年都做演讲，举办培训项目，受众有成千上万人。我被学生和客户亲切地称为“时间队长”，这一点我引以为豪。

本书中的技巧和策略绝不是用来博眼球或炫耀我的聪明才智的，它们均来自于实践和心理学最前沿的思考成果。我所推荐的所有技巧和策略都是经过研究人员测试并被证明有效的。此外，我本人也对学生和客户中的志愿者进行过测试并证明了许多技巧的有效性。成千上万的人从中受益，他们的成功经验反过来也帮助我进一步改进完善了这些策略。

你可以把这个为期五周的培训项目看成你个人时间管理的 GPS，目的地则是摆脱拖延症后的理想生活方式。我将一步步给你的行驶方向予以指引，直至到达目的地。这件事上我需要你的通力合作，因为如果你不投入，本培训项目不会神奇地“治愈”你。但本项目的妙处在于：你不需要做过多思考——我会告诉你该做什么、什么时候做，你的主要任务是在时间表中留出足够时间来完成本培训项目即可。

为了取得成功，你需要每天花大约 20 分钟来完成项目中的练习和行动步骤。这可能听起来要求很高，但这段时间将主要花在制订待办事项列表和日程安排上，这些本身就是卓有成效的工作的一部分，同时也是回报率很高的一项投资，因为这些策略一旦准备就绪并作为日常工作的一部分付诸实施后，每天为你节省的时间要远远多于 20 分钟。

等你结束本项目的学习后，你将：

◇ 理解自己为什么会拖延。

◇ 学会停止拖延的技巧。

◇ 根据自己的时间表建一个“上层结构”，以确保所有的任务都能顺利完成。

◇ 学会将注意力集中在需要的地方，以获得收益的最大化。

◇ 实施自我激励计划。

◇ 为终生成功奠定基础。

本项目的一个重要特点是可以根据你的特定需求进行定制。多年的指导经验让我明白，没有适用于所有客户、放之四海而皆准的技巧或软件。相反，我会了解你所面临的挑战，思考适合你提高工作效能的方法，并相应地定制我的指导策略。这个为期五周的培训项目能让你在完成练习和行动步骤的过程中，找到并实施最适合自己的技巧——帮助你实现既定目标的技巧。

在这本书中，我将提到一些可以帮你变得有条理的工具和应用程序，这些都是我写这本书时最喜欢的。当然，随着工具的推陈出新，我最喜欢的工具列表可能会随之改变。你可以登录我的个人主页 captaintime.com， 在“工具”一栏中就能找到常用的提高工作效率的最新工具，也可以通过 garland@captaintime.com 给我发电子邮件。

开启为期五周的项目

在开始本项目之前，你需要准备一个小的笔记本，我们姑且称之为“停止浪费时间”笔记本。如果你已经有了一个时间管理器，可以把它放在手边，但是大部分的工作都需要用笔记本来完成。如果你想选择一个精致漂亮或皮革封面的笔记本，当然可以，但其实一元店出售的普通笔记本就足矣。不要拖延，现在就去购买笔记本，迈出简单的第一步，笔记本确实会成为整个项目的重要工具。

除了笔记本，你还需要每天留出 20 分钟来完成推荐的练习和计划。要下定决心投资自身，把这段时间看成神圣不可侵犯的！不要让任何人或任何事把这 20 分钟夺走。把它写在日历上，用黄色突出显示，让你的朋友和家人知道这段时间是属于你的。坚持这每天的 20 分钟是走向成功的重要一步。

这个为期五周的项目不含水分，全是干货。它是为将效能最大化而设计的。如果你每天都能集中精力，坚持不懈，到最后，你将拥有坚定的意志和良好的组织能力，永远地摆脱拖延症。这对你意味着什么？这意味着你将拥有更好的组织能力，更少的压力，以及在工作和个人生活中获得更大的成就。

——加兰·库尔森

CHAPTER 1

第一章

想尽办法开始做一件事

第一章

想尽办法开始做一件事

在这个为期五周的项目中，我将帮助你找到拖延症的根源，并给出强有力的、行之有效的策略来解决引发拖延的潜在问题，而不仅仅是用激励性的套话来掩盖你的问题。

你愿意读这本书，可能是因为在当前的人生阶段你已经意识到拖延会给你带来严重的问题。也许无法按时完成工作让你深感压力，甚至会丢掉工作；也许无法在职业生涯或个人目标上取得任何有意义的进展让你倍感沮丧；也许担心迟迟无法解决的家庭事务会损害你和家人的关系并导致财务问题的出现。

无论何种原因，拖延都会影响我们的事业和家庭。那么，既然拖延会造成诸多恶果，为什么我们还是会拖延？为什么我们还愿意继续为拖延付出代价？当我指导客户克服拖延症时，我总是从“为什么”开始，即：你为什么拖延？

在大多数情况下，拖延并不是因为没有足够的时间，而是因为我们所做出的与时间相关的选择，避开了那些我们不愿意完成的任务。

因此，要克服拖延症，你需要理解为什么你选择专注其他事务而不是你真正需要完成的事务。换言之，你需要了解拖延究竟能给你带来什么？你能从拖延中得到什么？拖延的缺点是显而易见的，但是它的好处是什么？

不是你不够高效，而是选择的问题

试图解决拖延，却不了解其形成原因，类似于雨天屋顶漏水时，在地板上放个水桶接水。的确，这样做可以在短期内防止地毯受损，但却没有从根本上解决问题，所以漏水问题还会在下一场暴雨中再次出现。正确的做法是：处理本的问题（屋顶上的洞）而不是本（地板上的水），这样才能永久性地解决问题。解决拖延症亦是如此：只有知道导致拖延的原因时，才能彻底解决问题。

一般来说，当人们拖延的时候，他们是在避免做一些可能会触发不愉快的内心体验（思想或情绪）的任务。举一个很常见的例子，假设你必须在工作或学校做一个演讲，演讲的主题也是你所熟悉的，那么准备起来应该会得心应手，因为你对所有材料都了然于心。然而，日子一天天过去，你却把准备工作一推再推，直到无法再拖，第二天就要做报告了，你甚至还没有开始整理材料。

演讲的准备工作本身并不困难，你为什么还会拖延？原因很有可能是：你不喜欢站在一群观众面前接受评判，而拖延会让你得到暂时的解脱。每拖延一天，你都会觉得为自己多争取了以避免感受到演讲所带来的焦虑的一天。

以下是其他一些可能引发的不愉快情绪的任务，使人们试图避开它们，从而导致拖延：

乏味无趣的工作：这些工作可能会带来无聊的体验。例如，办公室职员往往会觉得做信息录入很无聊，会向往做更有趣的工作。

长期且截止日期不明确的工作：短期、明确的任务能让我们很快体验到完成的满足感，但长期、棘手的任务则会带来挫折感和不确定性。

自己不擅长的工作：做一些熟悉的工作比学习新的技能更能让人感觉舒适放松，因为后者会让人感受到自己的不足，因而需要付出很多努力才能克服它。

不喜欢的工作：做一些自己觉得不愉快的事情会让我们感到愤怒和沮丧。例如，我曾经为一个客户公司的产品写过一份商业计划书，但我内心并不认同该产品，这使得这项任务变得不愉快和困难。（我制订了一个策略，让我克服了不良情绪，停止逃避任务，并最终提前两周完成了该商业计划。）

与冲突相关的工作：没有什么比处于冲突状态更能让人情绪化的了。在这种情况下，拖延很正常，希望问题能以某种方式自行解决。从长远来看，这种策略是行不通的；从短期来看，甚至可能会产生更多的问题。

不喜欢的个人 / 雇主委派的任务：当一个人对自己的经理、同事或工作环境感到愤怒或怨恨时，很难及时完成工作。

愤怒会削弱完成工作的内驱力，并可能产生对工作漠不关心的情绪。

过多的工作：如果眼前的工作涉及很多方面，一眼望不到头，会让人觉得无从下手。比方说，一长串家庭琐事，如吸尘、拖地、除尘、清理冰箱、清洗亚麻布等，似乎太多了，以至于你一想到这些就不知所措。

我的大多数客户在他们的大部分领域都很成功。他们才华横溢，富有创造力，工作勤奋，却身陷拖延症的泥潭，最终需要寻求我的帮助。对于这些才华横溢、勤奋工作的人来说，拖延症这个问题似乎应该很容易解决。那么，为什么他们还在因为拖延症而苦苦挣扎呢？因为他们回避问题的根本原因通常是某种情绪或心理上的反应，阻止了他们充分发挥自身的潜力。

情绪化的反应会在你身上蔓延开来，迅速给你的工作、个人目标和人际关系带来破坏性影响。任何曾参与过激烈争论的人都知道，当一个人被情绪化反应所控制的时候，是没有任何逻辑性可言的。在职场中，我们所接受的培训是做一个公事公办和专业的人，所以我们倾向于压抑克制自己的情绪。但即使是在做诸如清理车库或者修理漏水的屋顶之类的家务活时，也可能会产生一些影响工作效率的负面情绪。

接下来我会简要地描述最常见的几种拖延者类型，你可以检测一下自己属于哪一种。

你属于哪种拖延者?

在我二十多年的时间管理教学中，我发现拖延者大多都属于如下几种基本类型。而你首先需要了解自己属于哪一种类型，然后才能找到最适合自己的解决方案。

下面是对每一种基本类型的简要描述，在你生活中的某个时刻，你可能属于不止一个类型；即便如此，试着找出最能与你的拖延现状相匹配的类型。

忧心忡忡者

我花了太多的时间去关注最后期限，想象会出差错，结果掉队了。

忧心忡忡者把注意力集中在可能出错的事情上，担心自己不能按时完成任务或做好工作。因此，忧心忡忡者在这些臆想的问题上浪费了大量的心神，导致他们没有足够的精力完成工作。

忧心忡忡者认为自己正在努力完成这项任务，因为他们为之花了太多的脑力。但他们却没有意识到，在担忧上白白浪费时间对于完成任务毫无帮助。恰恰相反，这会使事情变得更糟，因为担心会令他们无法完成任务，并导致负面结果。因此，忧心忡忡者专注于担忧本身而不是专注于任务，并会引发更可怕的后果。

你属于忧心忡忡者吗？问自己如下问题：

◇ 在我着手开始工作之前，是不是花了大量时间思考这项工作?

◇ 需要做的工作让我心烦意乱，晚上入睡有困难?

◇ 尚未开始这项工作，我是否已经感到筋疲力尽?

对于上述问题如果你的答案有一个或多个是肯定的，你可能就属于忧心忡忡者。在为期五周的培训中，你将学习到如何将专注于焦虑的能量转化为专注于任务的能量，从而提高工作效率。

完美主义者

我花了太多的时间去修正和寻找错误，以至于工作拖了太久仍无法完成。

完美主义者要求每一个项目都是“完美的”，所以他们花时间不断地修改，努力使其变得更好——他们什么事情都是亲力亲为，结果一个项目或目标就会占用他们所有的时间，而无法处理其他更关键的项目和任务，因为他们在第一个项目上耗费了过多的时间。

完美主义者可能会因为害怕不能完美地执行项目而令工作陷入停滞。他们花大量时间检查、过度规划、试图解释所有未知的变量、进行不必要的修改。事实上，我们永远不可能掌控所有的事，也不可能解释每个变量，世界本来就是不完美的，因而完美主义者的工作方式会使他们陷入一个永远也无法达成目标的死循环。

你是个完美主义者吗？问自己如下问题：

◇ 当我着手一项工作时，我是否沉迷于获得完美的结果，一遍又一遍地检查，一遍又一遍地确认没有错误？

◇ 我只喜欢做自己擅长的事情？

◇ 建设性批评对我来说是否更像是人身攻击？

对于上述问题如果你的答案有一个或多个是肯定的，你可能就属于完美主义者。在为期五周的培训中，你将学会一些技巧，将任务完成到可接受的标准，而不是在单个任务上过度投入，因而导致顾此失彼，因小失大。

讨好他人者

我对每件事都说可以，所以从来没有时间做自己的项目！

讨好他人者总想做老好人。因此，他们对他人的任何请求都全盘接受，从不评估这将会给自己的日程安排带来何种影响。当他们接受他人的工作和个人要求越来越多时，自己的任务就会被推到一边。他们超负荷工作，却似乎不知如何拒绝。

在工作中，随着讨好他人者为别人承担的工作越来越多，他们自己的核心工作开始受到影响，这将使他们把自己的工作和职业发展置于危险之下，毕竟老板是根据员工的工作业绩来进行评估和支付薪水的。在工作了一天回到家后，讨好他人者常常发现自己精疲力竭，却没有完成想做或必须做的事情。

你是个讨好他人者吗？问自己如下问题：

◇ 我总是第一个自愿帮助别人或承担更多工作的人吗?

◇ 当有人要求我帮忙或参加一项我并不真正喜欢的活动时，我是否很难拒绝?

◇ 我一周的工作时间是否超出了正常工作时间?

对于上述问题如果你的答案有一个或多个是肯定的，你可能就属于讨好他人者。本培训项目会教你如何对你日程上的优先事项进行正确地评估，避免陷入过多工作的泥淖而无法自拔。

蜂鸟

我从一个项目跳到另一个项目，整天忙忙碌碌，但似乎又什么都没有完成。

蜂鸟总是从一个任务飞到另一个任务。他们总觉得自己很忙，却很少能完成长期项目，而且他们很容易就会失去兴趣，陷入无聊或疲劳之中。他们同时处理多个任务，但大多是小任务，鲜有能力承担更大的任务，因为这些任务需要深度持久的专注力。

蜂鸟通常喜欢做能很快完成的小任务，因为这能给他们带来及时的满足感，但当大型项目和任务到期或滞后时，这又会给他们带来很多困扰。

你是只蜂鸟吗？问自己如下问题：

◇ 我是不是整天做的事情很多，却极少能完成大型或更重要的工作？

◇ 认真倾听或安静地坐在会议室里对我来说很难？

◇ 我是不是经常培养新的爱好，但很快又半途而废，或是上个任务尚未完成就迫不及待地开始下个任务了？

对于上述问题如果你的答案有一个或多个是肯定的，你可能就属于蜂鸟。你可以有效利用该为期五周的培训来减少任务数量，提高注意力，完成更深入、更有意义的工作。

隐形拖延者

我总能按时完成自己的任务，但我把所有的事情都拖延了太久，以至于完成任务后让我感到精疲力竭。

在实际工作中，大多数人一般不会注意到隐形拖延者，因为他们都能在截止日期前完成工作。但他们是在最后关头使出浑身解数才完工交差的，这就导致了他们完成的工作质量不高，而且时刻处于压力之下，用最后关头的英雄主义情节对抗身心俱疲的状况。

隐形拖延者试图通过声称“我在压力下反而工作得最好”来证明这种做法的合理性，但事实并非如此。他们并没有交付出最好的工作成果。相反，在截止日期的压力下，他们东拼西凑，在最后一分钟匆忙交差。这种状态下完成的工作质量通常低于在从容不迫的状态下完成的。

因为隐形拖延者总是把工作拖到最后一刻，因而他们无法与同事或家人协商，共同探索出更好的问题解决方法或其他备选项。当你有充足的时间去思索一个问题时，无意识思维辅助大脑思索问题，小火慢炖，最终“酝酿”出的解决方案可能会给你带来惊喜，因为这是你之前从未想过的。

你是个隐形拖延者吗？问自己如下问题：

◇ 我喜欢在压力下工作吗？

◇ 一些对于时间很敏感的工作，诸如订音乐会门票或度假旅行，我是不是会拖很久？

◇ 为了赶上最后期限我工作到很晚，因为我总是在最后关头才能把任务完成？

对于上述问题如果你的答案有一个或多个是肯定的，你可能是个隐形拖延者。该为期五周的培训可以帮助你在规定的时间内完成任务，同时仍有时间做出调整，进行探索和思考，这将有助于你提高任务的完成质量，并消除最后一分钟执行所造成的高强度压力。

了解自己的拖延模式

现在你已经对拖延的类型有了一定的了解，接下来花点时间快速进行自我评估，以确定自己属于哪种（或哪些）类型。你会避免什么类型的任务？当你面对这些任务时，你会产生什么样的情绪？这些信息将在接下来的培训中有助于你制订出有效的应对策略。

自我评估：任务类型

拿出“停止浪费时间”笔记本，翻到崭新的一页，写下“我所拖延的任务”这一标题，然后画出四列：分别是“任务”“压力等级”“拖延等级”和“类别”（参见18页的示例）。你也可以在文字处理软件中画一个简单的电子表格，但要打印出来，并附在笔记本上，保证所有的记录都能被整合到同一个地方。

填表之前先看一下待办事项列表，哪些任务已经存在很长时间了？如果你还没有待办事项列表，回顾并分析一天中的每项任务。

在第一列记录所拖延的任务，在第二列中按照从 1 到 5 划分压力等级（1 代表压力很小或没有压力；5 代表压力巨大），在第三列中同样按照从 1 到 5 评估拖延等级，在最后一列中添加如下类别，当然，你也可以有自己的考量。

· 棘手的工作
· 简单的工作
· 大型项目
· 无明确截止日期的项目
· 开放式的任务
· 个人项目
· 琐碎的任务
· 超出自身能力范围的工作
· 特定人群所指派的工作
· 团队项目

本评估是一个自我诊断工具，可以帮助你发现趋势。也许你在个人项目中大放异彩，但在团队项目中的表现却差强人意。抑或是你可以出色完成有确定最后期限的工作，但对于完成开放式的任务或无明确截止日期的项目却感到力不从心。了解清楚哪种类型的任务会给你带来问题，这有助于找到最佳解决策略，以防止将来拖延的发生。

我所拖延的任务			
任　务	压力等级	拖延等级	类　别
回复电子邮件	1	1	琐碎的任务
给愤怒的客户打电话	4	3	棘手的工作
撰写营销计划	2	5	开放式的任务
组建新产品开发团队	2	5	开放式的任务
用吸尘器清洁地面	1	1	简单的工作
粉刷房屋	2	5	大型项目
与家庭成员讨论严肃的个人问题	4	3	棘手的工作

在本示例中，此人不会拖延回复电子邮件，拖延一般发生在不得不做一些有压力和挑战性的事情，如给愤怒的客户打电话或与家庭成员讨论严肃的个人问题。当面对大型、开放式的项目，比如撰写营销计划、组建新产品开发团队、或计划粉刷房屋时，此人的拖延值达到顶峰。与之形成鲜明

对比的是，另一个人可能对处理开放的项目完全没有问题，但会推迟与冲突相关的任务。

了解拖延的不同任务类型有助于你调整行动计划来防止拖延。而反思自己在权衡每一项任务时所感所想有助于将你的行动计划提升到一个更高的层次。

自我评估：对任务的感受

拿出“停止浪费时间”笔记本，翻到崭新的另一页，将标题命名为“感受”，然后写下你在逃避任务或做拖延等级很高的工作时的感受，你可以参考前面所列的自我评估任务列表。了解自己拖延的感受及为什么要拖延非常重要，这将有助于你停止浪费时间，积极完成工作。

你可以从下列感受列表中选择感觉，并添加你能感受到但并未在列表中显示的内容：

感受	
害怕 / 担心 / 恐惧 / 忧虑	恼怒 / 烦恼 / 生气
矛盾心理 / 漠不关心 / 百无聊赖	愤怒 / 痛苦
忧心忡忡	尴尬
困惑 / 不确定	失望 / 惊愕
不信任 / 躁动不安	沮丧 / 烦恼
无助 / 无能为力	犹豫
绝望	不安全感 / 局促不安
紧张	心事重重
悲伤	不舒服

如果你知道自己为什么会有这些负面情绪时，也要把原因写下来。例如，“我害怕是因为我不知道别人会怎么看我”“我担心是因为我可能达不到自己设定的目标”“我生气是因为我别无选择，必须这样做”。尽可能详尽地记录自己的感受，以及这些情绪的起因。

准备好开始了吗？

在接下来的五周里，你将明了自己拖延的原因，进而设定一系列目标来完成一直回避的任务，并尝试所提供的练习和策略，这其中每一步我都会和你在一起。当你完成了本培训项目，你就可以贯彻那些最适合自己的策略，并最终让这些策略成为你生活的一部分。

本章小结

你学到了

◇ 拖延有多种不同的类型和模式。

◇ 拖延通常是由于避免不舒服的情绪或想法而引起的。

◇ 自我诊断工具有助于你更好地了解自己拖延的原因。

你学会了如何

◇ 确定自己的拖延类型和模式。

◇ 确定给自己带来最大压力，并导致拖延的任务。

◇ 确定自己逃避任务时的感受。

CHAPTER 2

第二章

第一周：训练意念

第二章

第一周：训练意念

拖延症很难克服的原因之一是你很难判断自己是从何时开始拖延的。当拖延慢慢成了一种习惯，你甚至都意识不到自己在拖延。你终日忙忙碌碌，但不知何故，却永远无法完成真正重要的任务或实现长期目标。如果你连自己从什么时候开始拖延或者为什么拖延都不知道，你又怎么可能克服拖延？意念在这其中起到了作用。

意念，简单地说，是指了解自己当前在做什么。虽然“意念”一词起源于佛教，但它已成为西方的主流意识形态，因其对身心健康的益处而被广泛研究，并被证明是有效的。

意念容易练习，但同时又很难培养。我们中的大多数人在大部分时间里没有关注当下的事务，这一点很多人尚未意识到。相反，我们正在以白日梦、计划或焦虑等形式重新审视过去或展望未来的事件。如此往复，诸如习惯性拖延这样微妙的事情往往不为人重视也不足为奇了。

训练自己的意念，避免拖延的倾向，在自己拖延时及时发现，这是彻底结束拖延症的第一步。通过关注当下——此时此地发生的事情——来培养意念。清除头脑中那些不着边际的想法，不要杞人忧天，这确实说起来容易，一旦付诸实践时却很难。然而，如果你按照本章节的步骤去做，你将很好地了解当下的事务。让我们从一些基本的策略开始，有意识地关注自己一天当中的目标。

你从何时开始拖延

如何做到清醒地意识到自己何时开始拖延及为什么拖延？以下一系列心理步骤我不仅曾推荐给我的客户，以实现重要的个人理想和职业目标，而且这些步骤我自己也曾亲身实践过。掌握这些步骤不可能一蹴而就，对特定的时刻或特定的一天所发生的事情有清楚的认知，这需要持之以恒的练习。

第二章

第一周：训练意念

明确自己想要的结果

在开始崭新的一天或一个新项目之前，要明确自己想要实现的结果。首先进行一些思考和决策，然后再制订一个循序渐进的计划来实现既定目标。通过这种方法，你的工作会变得和之前完全不同——每项任务都是朝着你想要实现的重要成果和目标迈出的一步。

通过将行动与实际目标关联起来，你可以明了自己的工作动机；通过更加关注所做事情的重要性，你会更清楚自己在何时开始逃避某项任务。这同样适用于个人生活，比如，为了去一个想去的国家旅行而开始学习一门新语言。学习这门语言的努力就与能到那个国家旅行并与当地居民交流的强烈愿望紧密挂钩。明确自己所期望的结果有助于我们看到艰苦的工作背后所蕴含的完成工作后会得到的回报。

在一天当中，持续关注你所做的工作是否会引导你实现想要的结果。通过不断地自我检查来确保自己始终朝着既定的目标努力，这会使你更加专注，更有动力。

你的时间你做主

你留意过自己是怎么利用时间的吗？有没有觉得时间不够用？在我的咨询生涯中，最常听到的一句话就是“我时间不够用”。对于这种情绪，我深表同情，但这对于你进行日程安排没有任何好处。当我们说“我没有时间”时，其实是自己内心创造了一种信念，那就是我们的时间是我们无法掌控的。

放弃了对一般意义上的忙碌的管控，其实就是放弃了提高效能的最强大的选项。哪怕是为别人工作，你对时间的掌控力其实比你想象的要好很多。我的客户发现，用我教给他们的时间管理技巧，他们的工作效率提高了一倍甚至两倍，因为他们已为自己的时间开销承担了个人责任。这些技巧你将在后面的章节中学到，但现在，扪心自问：我现在该如何有效利用时间？

时间不够用通常是由于没有控制好对于时间的选择。注重掌控时间有助于我们更好地做出对于时间的选择。我曾说过“我的时间我做主”。我一直把这句话作为时间管理的座右铭，以激励我的学生重新定义他们与时间的关系。把这句话对自己再重复一遍，尤其是当你感觉被过多的工作逼到墙角的时候，它会提醒你，你可以掌控自己的时间。如何利用时间，只有你自己说了算。

制订计划

我们从早上开始就一头扎进待办事项列表，但却没有充分思考该如何高效、出色地完成任务。为了更好地关注该如何度过每一天，我将所有的问题统统添加到我的清单上，以便计划如何更有效地解决这些问题。以下是关于每项任务的一些问题：

◇ 我可以选择放弃这项任务吗？

◇ 这项任务可以通过自动化方式完成吗？

◇ 这项任务是否可以委派他人来处理呢？

◇ 这是需要我优先处理的工作吗？

◇ 我需要什么工具、资源或帮助来完成这项任务呢？

这些问题的提出将使你放弃一些工作，以自动化方式处理一些工作，将一些工作委派或外包给别人，以确保你始终专注于你需要优先处理的工作。例如，你需要今天就向供应商订货吗？如果答案是否定的，将这项工作划掉。你需要网购生活用品并要求送货上门吗？嗯，这个倒不妨一试。

这种提问方法还可以帮助你提前收集所需信息，以确保你能够尽快完成任务。例如，如果您需要同事提供一些信息，请在着手这项任务之前提出请求，否则你将有理由拖延，因为你需要等待他人提供信息。这同样适用于你个人生活中想要实现的目标。假设你打算节食，你需要的工具和资源包括饮食计划和某些特定食材。在节食开始之前就将这些食物采购好，不给自己任何拖延的理由。

冥想

许多人发现，定期的冥想练习有助于保持冷静，并激励自己在日常生活及工作中更富有成效。研究发现，冥想有助于提高注意力，促进合作。晨间冥想可以让你感觉更踏实、更自在。当心烦意乱时，几分钟的冥想可以帮助你重新调整状态，把注意力带回当下。

如果你从未冥想过，我建议你参加冥想课程或观看相关视频学习一些基础知识。冥想有很多种类型，所以你需要找到最适合的那一种。下面介绍的是一个简单的 10 分钟的可视化冥想：

1. 将计时器设置为 10 分钟，提示音要柔和。

2. 舒服地坐下来，没有必要盘着腿。

3. 慢慢地深呼吸，持续几分钟，直到感受到自己的呼吸是均匀和舒适的。

4. 闭上眼睛，继续正常呼吸。

5. 在脑海中勾勒出一幅画面，在一个你很喜欢的优美的自然环境里，有水、沙滩、草地吗？天空是什么样子？你还看到了什么，比如岩石或树木？不断地在你的脑海中添加细节。

6. 每当你的思绪游离于其他事物，添加更多的细节，把思绪带回到你正在创建的图像中。

7. 当计时器提示时间到时，慢慢地睁开眼睛，用点时间慢慢回到现实状态，然后再起来。

当你第一次开始冥想的时候，你可能会发现很难控制游离的思想，要坚持下去，因为你是在训练大脑，使其更加关注当下。这种训练好处多多，尤其是当遇到工作阻力时。如果你能天天坚持这种练习，你的思绪不会频繁地游离，你将更有专注力。更多关于这方面的帮助，请参阅第 33 页的“记录想法”。

冥想的替代物

如果你尝试冥想已经有相当一段时间了，但仍不得要领，你可以尝试其他的“清心”活动，它们也会有类似的好处。以下是我和其他人的一些发现，以实现冥思和平静：

◇ 将自己置身于大自然。

◇ 清洁。

◇ 涂色。

◇ 跳舞。

◇ 素描、油画及其他形式的艺术。

◇ 锻炼。

◇ 做园艺。

◇ 织毛衣、缝被子或钩编。

◇ 走路或徒步旅行。

◇ 刻木雕。

因此，如果你体会不到坐在莲花上的意境，亦感受不到禅意的话，尝试其他一些让你大脑感到清新的活动。但是我鼓励你给冥想一个机会，看看这个练习是否会成为你日常生活中所喜欢的一部分。

记录想法

正如我们前面所讨论的，在冥想中你的思想可能会游离。但好消息是，你可以“记录”在冥想过程中所产生的这些想法，并使其成为冥想练习的一部分。这种记录不是简单意义上的记笔记，相反，这种记录会给你的想法贴上简单的、一个字的标签来确认，不需要做出会把我们从当下扯得太远的判断或情感反应。

标签本身可以在你的脑海中悄悄地低语，无需担心你使用的标签是否完美贴切，它只需要简单标记出你的思想即可。当你继续这种记录时，会清楚什么类型的标签在起作用。现在，在无需过多纠结的前提下，选择那些看起来最合适的标签词。

在冥想的过程中，记录会让你的思想有事可做，而不是自由地各处游荡。它满足了意念进行思考的需求，同时又不让过多的思绪扰乱你的冥想，这会让你保持植根当下的状态。例如，如果一个引起你焦虑的想法突然出现，承认它，将它记录为“焦虑”，这样焦虑的不良思绪才能更容易释放。如果有必要，可重复这个标签多次，直到焦虑自然消失。不要这样想：哦，这种情绪会让我焦虑，我讨厌这种感觉，所以我要尽量避开这种感觉。这些都是你的个人判断而已。你只需给它贴上“焦虑”的标签，然后回到冥想中。

这种做法不是要矫正或赶走你的想法，但记录确实会有助于你更加了解自己想法的类型以及它们所带来的情绪类型。在前一章中，你已经开始识别与拖延相关的感受，记录练习则可以强化这些感受。假设你正面临一项不愉快的任务，当你想到它时，将其记录为“抵触”，这样你就对完成这项任务需要克服怎么样的感受有了更好的了解。

到目前为止，我只谈到冥想过程中的记录。事实上，不仅局限于冥想，这也是一天当中积极的意念锻炼。例如，你正坐在办公桌前处理一项单调乏味的任务，你的思想开始不由自主地开小差，把你的注意力从手头的任务上移开。将这种情绪记录为“无聊”，然后让思维放松，重新集中精力完成工作。如果你觉得无聊让你很不舒服（谁不是这样呢？），同时触发了其他不愉快的情绪，下一小节的内容将对你有所帮助。

拖延是一种情感逃避方式

了解拖延症的一个核心部分是明白拖延能给我们带来什

么好处。现在，你可能会说，拖延对我没有任何好处，只会给我带来麻烦。但是，如果你没有从拖延中尝到甜头，你为什么明知会为拖延付出代价但仍乐此不疲？

什么情绪因素诱使我们身陷拖延的死循环而不能自拔呢？拖延其实可以被看作是一种情绪回避的方法。换句话说，拖延至少让我们暂时地避开了诸如焦虑、恐惧或无聊等负面的内在感受。在第一章中，我们界定了一些类似的感受，但是你准备好去体验它们了吗？对很多人来说，答案是“没有”。所以他们多年来一直逃避这些不舒服的情绪，任由它们毒害自己的生活和思想。这不是我们想要的，我们需要的是愿意经历这些不适的感受，并努力去克服它们，最终到达成功的彼岸。

当我们把拖延理解为一种情绪逃避方式时，解决拖延症的大门就已经开启。情感逃避是很多心理学家多年来一直在研究的课题，心理学中有一个分支叫作“接受和承诺疗法”，该疗法引导我们主观上不再排斥负面情绪，愿意体验不舒服的感觉，不要再让它们扰乱、阻止我们朝着目标努力。我马上会带领大家练习该疗法，但在这之前，先看一个成功案例，她是我之前一个客户，我们暂且就叫她蕾娜塔吧。

蕾娜塔带领团队实施了一项非常成功的计划，她需要在老板和几位高管面前做一个重要的汇报，她有一个星期的时间做准备。按说她没有理由拖延这个可以展现自己才华的机会，但事实是她一直拖到最后关头，而且这种情形不是第一次发生。那么，蕾娜塔为什么会为自己制造这样一个原本完全可以规避的问题呢？

当蕾娜塔在最后一刻决定着手准备这项让她多少有些恐慌的工作时，她进行了反思，找出了自己拖延的根本原因：焦虑。这对她在这些会议上的表现有很大的影响。每当她开始准备的时候，想到老板和其他高管对她可能的评判就会让她焦虑，而当她感到焦虑时，她就会立即停手，以避开这种负面情绪。这也就解释了她为什么会拖延。蕾娜塔最终从我这里学到的是，她不需要消除准备陈述报告所带来的焦虑感。相反，她需要学习如何与准备过程中可能出现的焦虑和平共处。在“接受和承诺疗法”的帮助下，蕾娜塔可以顺利地为下一次的汇报做准备，虽然在这过程中她仍然时不时地感受着焦虑的冲击。

没有人能神奇地摆脱那些与某些特定任务相关的不愉快的感受，相反，你必须学会负重前行。由于情绪回避在拖延中起着很大的作用，所以，要克服拖延，就必须准备好适应拖延背后的那些不适情绪。我保证这不会要你的命，相反，当勇敢踏出舒适区后，我们会学到很多，并真切体验到自身的成长。

练习接受不良情绪

当出现不舒服的感受时，比如，那些无论由何种原因引起，你本能想避开的感受。练习接受是强有力的应对方式。所谓接受某事，就是要对其有悲悯心，不要评判它，也不要试图改变它，这是一个很高的标准，但完全可以做到。

第一次尝试此练习时，请花两三分钟完成以下步骤。在熟悉了流程后，如果你愿意，可以用更长的时间完成。你越练习接受（而不是抗拒或逃避某件事），不舒服的情绪就越不可能干扰你完成重要任务的能力，即使这些任务正是触发焦虑的源头。

1. 坐在椅子上，双脚放在地板上，全身放松。手掌放在膝盖上，闭上眼睛，自然呼吸。

2. 感受呼吸的韵律和节奏，专注于每次吸气和呼气。不要试图改变呼吸的韵律和节奏，只要观察它，用仁慈和同情接受它。

3. 关注背部在椅子靠背及脚掌在地板上的感受。关注身体的其他感官，关注皮肤的温度。再说一次，不要试图改变或判断任何事情。只要观察，并以仁慈、同情之心温柔地接受身体所经历的任何感觉。不必让任何不适感消失，也不必专注于它，只是单纯地观察。

4. 继续观察呼吸和身体的感受，当新的思想和情绪出现时，同样用仁慈、同情之心接受它们。再说一遍，不要试图抓住或推开这些思想和感情，只是不加评判地观察。要明白自己现在正在经历一个想法、一种情绪，但这并不是自己专有的。也可以用第33页学到的记笔记的方法来标记并承认这些思想和情绪。

5. 在睁开眼睛之前，继续不加评判地观察几分钟。当睁开眼睛时，用同样的仁慈、同情之心去处理自己所拖延的项目。

在这个过程中，如果你出现了无法控制的、强烈的，甚至压倒性的情绪反应，你可能患有慢性抑郁症、焦虑症或其他问题，这些问题会影响工作效率，引发拖延症，并导致工作和家庭中出现一系列问题。在这种情况下，请向医生寻求专业的诊断、治疗和帮助。

尽管本书中的策略有充分的科学依据，并经过了科学检验证明有效，但有些人的问题确实需要医疗干预和医生治疗才能得以解决。我的一些客户，在接受我这些关于提高工作效率的指导的同时，也接受治疗师关于个人生活及职业生涯方面的帮助，并受益匪浅。因此，我一直鼓励客户在接受我的培训的同时再寻求额外的帮助。

上述练习任何时候都可以做，但现在，把“停止浪费时间”的笔记本放在手边。花几分钟想象自己正在做之前一直回避的任务。想象这个过程，哪怕会有焦虑、恐惧、愤怒和无聊等不舒服的感受出现。想象自己用仁慈、同情之心承认这些感受并最终坚持把任务完成。现在，在笔记本上记下这些体验：

◇ 任务是什么样子的?

◇ 任务触发了什么感受?

◇ 你是如何应对的?

◇ 任务完成后你感觉如何?

练习：坚持工作的五大理由

练习有助于将我们当下的任务（例如填写文书表格）与我们工作的真实原因联系起来。（因为填表是我们工作的一部分，我们需要挣钱来养家糊口。）因为我们重视家庭，填表突然有了更多的意义。有一些人很幸运，找到了自己热爱的工作，并做出了有价值的贡献。但另外还有许多人工作的目的只是为了能支付账单。即使他们对工作不感兴趣，但工作会让他们实现财务自由。

在生活中的任何方面，我们都能找出五大理由解释为什么要工作（我鼓励你这么做），如下是一些可能的原因：

◇ 养家糊口。

◇ 体验个人成长。

◇ 做出积极贡献。

◇ 与他人交流。

◇ 努力实现职业目标。

◇ 避免无聊。

例如，你可能在做一份收入微薄的兼职工作，因为你有年幼的孩子，你希望在孩子放学回家后能照顾他们。在这种情况下，你看重自己为人父母的角色，这份工作让你能够兼顾赚钱和照顾孩子。沿着这个思路继续思考，就能把你的事业和你看重的事情联系起来。

拿出“停止浪费时间”的笔记本，翻到崭新的一页，写下“工作的五大理由”这个标题，然后仔细考虑一下你为什么选择做这项工作，并列出五大理由。这些都能有助于你继续完成之前所拖延的任务。

如果你在其他领域与拖延作斗争，可随意修改标题。例如“我想减肥的五大理由”，你的理由可能是“避免与体重有关的疾病（因为你重视健康）”“可以照顾孙子（因为你重视家庭）”等。这些都可以促使你停止拖延，积极健身。

对失败的恐惧

对失败的恐惧是一个强大的情感障碍，阻止我们朝着自己的目标努力。如果在全力以赴、孤注一掷后仍然失败了该怎么办？这是不是比当初不尝试更糟糕呢？

对失败的恐惧，特别是从一个专业的角度去考量，是一种理性的担忧。经理会不会生气？会不会失去同事的尊重？甚至，会不会失业？我们把这种恐惧建立在一个涉及最坏情况的很长的列表之上，列出如果我们失败了可能发生的事情，结果导致我们开始拖延这项任务。在大多数情况下，所谓的可怕结果不太可能实现，只是被我们的想象夸大了。这种表现貌似未雨绸缪，但事实上，它给我们带来的问题远比它能解决的问题还要多。

举一个我自己生活中的例子：在我之前的一份工作中，有一个需要在周五就要完成的任务，但我却没完成。整个周末我都在担心这件事以及会产生何种影响和后果。等到下周一，我完成了任务并交给了经理。结果他对于我没按时完成这件事只字未提，但我在接下来的整整一周都陷入了精神痛苦的状态，胡思乱想了各种最坏的情况。事实上，我对经理态度的各种莫须有的解读是极不可能发生的。我们担心的大多数事情永远不会发生。如果我们用一个局外人的眼光来看待这些想象中的最坏情况，很明显大多数情况都不会发生。

每个人都有杞人忧天、浪费自己宝贵时间的时候，但如果你经常有这种焦虑感，请寻求专业医疗帮助和治疗方案来解决问题。这本书中的练习可以帮助解决常见的日常焦虑，但如果你发现你的焦虑程度已经达到干扰了你每天正常工作模式的程度，请寻求专业帮助。

练习：应对忧虑

下面的练习可以帮助你应对担忧，尤其是当你陷入担忧最坏情况时。

1. 评估可能性：从 1 到 10，你所担心的事情将发生的真正概率是几？你曾经预测过类似的问题吗？这些担忧多久才会真正发生一次？怎么能减少你担心事情的发生概率呢？

2. 将所有可能的场景考虑在内：当我们身陷担忧的时候，我们通常会跳到最坏的场景，所以除了你想象得最坏的场景之外，还要想象一个不好不坏的场景和一个最好的场景。这三种场景哪种最有可能发生呢？

3. 找出解决方法：如果最坏的场景真的发生了，你该如何应对？即使在最坏的情况下也要有适当的应对方案，缓解担忧。相信自己，你远比想象中的自己更有能力！

工作上的一次失败可以是一次学习经历，而不是你想象中的导致职业生涯结束的噩梦。让经理气愤的不是出错，而是压根不做某项任务，在极端情况下，甚至会导致你丢掉工作。毕竟，如果你甚至都不尝试这项工作，他们为什么不另找一个能做到的人？生活中的任何领域的失败也大抵如此。如果不去尝试，你永远无法品尝成功的喜悦；如果失败了，你则会学到一个宝贵的教训：下次尝试不同的方法。

对成功的恐惧

害怕失败很好理解，但为什么会有人害怕成功呢？当我们对成功完成一项任务或目标后接下来所发生的事情感到忧虑时，往往会对成功产生恐惧感。我们可能会问自己以下问题：

◇ 如果我在这方面取得了成功，别人会把标准提高到自己无法达到的水平吗？

◇ 我会吸引更多的关注和更高的期望吗？

◇ 我的同事会认为我在讨好上级吗？

◇ 我会被晋升到自己无法胜任的岗位吗？

◇ 我以后会忙到无暇顾及家人吗？

◇ 如果我这个项目成功了，接下来我该做什么呢？

很多人都关注的一个问题是，成功会将我们引入一个全新的未知领域。我们会与公司中更高级别的人合作。我们会感觉自己暴露在众目睽睽之下，承受更多的压力，应对更挑剔的审查，这些都有可能让我们感到力不从心。当我们失去安全感时，成功几乎变得和失败一样可怕。同样，这种恐惧往往被夸大了。

如果你在某件事上取得成功，这不仅仅是运气好——通常是因为你很有能力或擅长做这项任务。在这种情况下，未来如果有人分配给你类似的任务时你很可能会复制这种成功，特别是在你有过往成功经验的时候。永远记住：要不要承担更多的任务，取得更大的成就，选择权在你。例如，那些与你的能力不相称或不符合预期的晋升，你完全可以拒绝。但也要记住，你可以通过以下方式习得新技能：

◇ 尝试新事物。

◇ 在本地大学进修。

◇ 学习网络课程。

◇ 寻找在线辅导。

◇ 获得软件或工具供应商的支持。

◇ 在论坛中寻求帮助（我个人喜欢这种方式，我将问题发布到在线论坛，第二天就能得到多个有用的答复）。

练习：箭头向下法

对于这个练习，我们使用的是认知行为疗法中的一项技能。认知行为疗法是一种有效的谈话和行为疗法，有助于将消极的思维模式转变为积极的想法，并最终将积极的想法变为积极的行动。

箭头向下法可以帮助你通过更全面的探索来控制大脑中那些随意和混乱的想法（尤其是如果你的大脑像我的大脑一样不靠谱），从而找到产生消极想法的根源并判定这些消极想法是否是空穴来风。

具体操作步骤如下：拿出“停止浪费时间”的笔记本，翻到新的一页，写下“消极的想法”这一标题，随身带着笔记本。每当你发现自己有消极的想法时，写下来；然后画一个向下的箭头指向下一行，写下为什么这个想法对你很重要；再画一个向下的箭头，写下你为什么担心这个。这样做有助于你深入思考自己的想法或情感。一直往下画，往下写，直到到达问题的终点或根源。

下面是我自己过往的一个例子，当时有个授课任务，我也在拖延：

◇ 我不想在众人面前讲话。

◇ 其他的演讲者看起来比我更有吸引力。

◇ 我不喜欢我的样子。

◇ 我又胖又丑。

◇ 人们会拒绝我，因为我不够有魅力。

◇ 我害怕被拒绝。

正如我曾在各种活动和研讨会上对成千上万的人所说的那样，这个例子明显地展现了我需要克服的一个情感障碍。我不可能一夜之间变得像电影明星那样拥有英俊的面庞和健硕的身体，但我也应该意识到即使我不像布拉德·皮特那样，观众仍会回应我，并且喜欢我的讲座。

但我发现了问题的根源——我不喜欢自己的外表，我觉得自己不被接受，因为我又胖又丑。一旦我发现了这个问题，我就开始研究技能来改善我的思维方式和与之相关的情绪反应。最重要的是，我不允许那些潜在的、非理性的恐惧阻碍我去做自己喜欢的工作。每当你有消极的想法时，就尝试这种方法，直到你找到每个问题的根源。

练习：重塑消极思想

在某种程度上，你可能会被“积极思考的力量”和“思考并暴富”之类的胡言乱语所影响，这些理论鼓吹只要能以正确的方式思考，你会神奇地在一夜之间变得健康和富有。事实上，健康和财务状况的好转需要脚踏实地的工作，仅仅凭乐观的心态是不够的。但是积极思考本身从某种程度上说是有用的，特别是当你的思维方式偏消极时。

消极的思考就像是一剂毒药，侵蚀着你的自信心和幸福感。当你心里总是回荡着一个声音，说你有多无能或不称职时，你怎么能工作有成效并获得成功呢？当我们陷入消极的思考中时，我们会把注意力集中在发生的每一件坏事上，自动过滤掉所有好的事情。通过负面过滤器，我们人为地给自己设置了一个糟糕的体验。

想象一下“玻璃杯半满与玻璃杯半空”的悖论。两者在技术层面上都是正确的，但我们可以选择如何看待玻璃杯。同理，我们可以选择积极或消极的观点。事实证明，即使你不快乐，微笑也能让你慢慢感受到快乐。同样，我们需要用更强大、更积极的思想来取代回荡在内心的那个讨厌的声音。

记住，思想不是事实。当我觉得别人对我的观点会不屑一顾，因为我又胖又丑，没有魅力。但如果我有一些很好的想法呢？别人会愿意聆听吗？通过更加积极地看待自己的个人形象，我成了一名成功的演讲者。我的激情和与听众所分享的知识可远远比我的外表更重要。每个人都喜欢我印有“时间队长”的帽子——一顶戴着钟面护目镜的蒸汽朋克风格的棕色帽子，这是我套装的一部分。

那么，让我们将消极的想法重新塑造为积极的想法——两种想法可能都有其合理性，但你可以选择更关注哪一个。拿出“停止浪费时间”的笔记本，翻到新的一页，写上“从消极到积极”这一标题。在页面中心画一条线，线的左边写上“消极”，线的右边写上“积极”，在左边列出你最近的消极想法，然后对应地在右边写下积极的一面。下面是一些让你入门的示例。

从消极到积极	
消　极	积　极
我把任务搞砸了。	今天我完美地完成了许多任务，唯一犯的错误很容易纠正。我不会再犯那个错误了。
老板批评了我的工作。我是个失败者。	老板提供的反馈将帮助我下一次更好地完成这项任务。
我又胖又丑，所以我永远找不到爱人。	我有许多有吸引力的身体特征。为了突出这些特征，我可以和一个形象顾问合作，买更适合我的衣服，学习如何更好地展示自己。
我讨厌待在办公室的感觉。	我的办公室是一个安全的工作场所。我可以用艺术品装饰一下或改变照明，使这个空间看起来更好。

善待自己是提升个人形象最有力的方法之一。为了让自己从消极的想法中走回正轨，我经常使用座右铭——提醒我以富有成效的方式进行思考的短语或短句。“用每一个想法、每一个行动来创造我想要的生活”。这是我喜欢的座右铭，因为它提醒我不断地问自己，这种想法或行动是否创造了我想要的生活？如果答案是否定的，我会将精力转向那些能让我得偿所愿的想法和行动。

第一周：行动计划

拿出“停止浪费时间”笔记本，翻到新的一页，写下“第一周：行动计划”这一标题，然后想想那些被你推迟的任务，从中选出一个，写在标题下面。利用到目前为止你所学到的知识，写下你拖延某些工作时你一直试图避开的负面情绪，或是写下拖延所导致的后果。遵循本章中的技巧，练习接受在完成这项任务时可能出现的任何负面情绪。现在，创建一个行动计划，明天要做的第一件事就是开始执行这项任务。下面是一个例子，具体说明如果你想要加薪，该制订一个怎样的行动计划。

行动计划：一项任务

任务内容：要求加薪

具体策略：制订一个循序渐进的方案，证明自己加薪的要求是正当的，并准备一套游说老板的措辞。我的行动步骤包括：

1. 寻找可比较的工资信息。
2. 把自己的成绩罗列出来。
3. 准备好一套游说老板的措辞。
4. 练习这套措辞。
5. 从顾问或可信任的同事那里获得建议。
6. 安排与经理见面来陈述自己的主张。

对于这样的任务，你不太可能在一天内完成所有的事，这没关系。制订一个行动计划将帮助你朝着自己的预期稳步前进。如果你要处理类似复杂的任务，每天留出半小时到一小时的时间来做这项工作。如果不那么复杂，可能每天 15 分钟就足矣，或者你的任务是可以在一天内完成的。在本例中，您需要用多个时间段来构建一个强有力的理由，向老板解释为什么应该给你加薪。这样的任务可以被分解为一周完成，每天花时间完成一小部分。

当你有了计划，明天就要开始第一步。诚然，这可能会让你感到不舒服，但无论如何，继续下去，直到任务完成。不要害怕对抗，也无需害怕丢掉工作，更不要害怕被拒绝。

本章小结

你学到了

◇ 强化自我意识和专注是结束拖延的第一步。

◇ 不适感无处不在，当我们学会如何克服这些不适感后，成功会不请自来。

◇ 找出导致拖延的真正根源有助于你设计应对策略。

你学会了如何

◇ 在完成任务的同时做到更加谨慎。

◇ 分析每项被拖延的任务并找出其背后的根本原因。

◇ 舒适地面对不适。

◇ 用积极的思想取代消极的思想，努力前行。

CHAPTER 3

第三章

第二周：
构建上层结构

第三章

第二周：构建上层结构

在工程学中，“上层结构”是建立在其他物体之上的一种结构，例如船甲板上的桅杆和索具，用来固定驱动船只前进的帆。同样，我将帮助你在现有的时间表上建立一个“成功的上层结构”，以确保你能顺利完成重要的任务，像船一样“勇往直前”。

那些比你更成功、更高效的人未必比你更聪明或更有才华。他们只是有一套更好的工作系统来帮助他们取得成就。成功的人拥有的不只是勤奋，还有支撑他们获得成功的上层结构。与长时间的工作相比，一套成功的支持系统对你一天的工作效率有更强大、更深远的影响。成功的上层结构会帮助你：

◇ 创建一个核心位置，让你将工作和记录都安排得井井有条。

◇ 提供一套系统，处理与下属、管理层、外包工作和同事的关系；亦可处理个人生活中的家庭成员关系或邻里之间一些付费或志愿的帮助。

◇ 让你专注于手头的任务。

◇ 减少干扰。

◇ 帮你越过障碍，克服困难。

◇ 提供一条避免拖延的途径。

有了这套成功系统，你就可以更容易地进入高效模式，避免在不相干的事情上浪费时间，从而实现目标，得偿所愿。这套系统能确保你首先完成首要任务，从而有效克服拖延。

在这一点上，许多营销人员现在会“建议”你，要获得真正的成功，你需要购买他们的“系统”，包括一个软件包和“秘密蓝图”培训包，价格是惊人的2997美元。嗯，我想我错过了赚大钱的机会，因为我将向你展示如何用便宜的笔记本、笔和一些可选的免费应用程序建立属于你自己的成功系统。

如何构建自己的上层结构

上层结构的成品是什么样子的？你已经有了一个时间表，告诉你什么时候必须上班，或者一天的工作一般从什么时候开始。上层结构是一个单独的“完成工作”时间表，指定每一类任务的具体完成时间。

你也可以在稍加调整的基础上，将其应用到家庭任务、个人责任和目标上。上层结构会将截止日期、优先级和任务重要性等因素都考虑在内。

步骤 1：学会分类

在医学领域，分诊是指在繁忙的急诊室或有灾难的情况下快速评估患者，以确保最严重的患者首先获得救治。比如，手臂骨折的病人可以稍等片刻，而心脏病发作的患者则需要立即接受治疗。同样，当你做“任务分类”的时候，对未完成的任务进行梳理，以确定哪些是最重要的任务，哪些可以稍后再做处理。通过为每个项目分配优先级和截止日期，即可实现这一点。

在进行任务分类过程中，重要的是要记住，而不需要“做”任何任务。实际上，你只是对它们进行分类和优先级排序，为下一步的工作做好准备。分类和排序的工作要快速完成，不要纠结，也不要开始思考如何去做。就像把衣服放在洗衣机之前对衣服进行分类，你只需把每种类型的衣服扔进不同的篮子里，而不必考虑太多。步骤 2 将帮助你确定优先级，并决定将任务放在哪个“篮子”里。

步骤 2：按优先级合理安排工作

每天，你都会获得稳定的新的工作。如果你总是从最新的工作着手，很多原先的工作就会被积压下来，无法得到处理。而如果你严格执行先来后到的原则，先处理离现在最久的工作，但新的、紧急的任务需等待的时间就太长了。这两种方式都不可取，相反，你需要一套系统，在分类过程中识别出优先级最高的任务，首先完成这些任务。

首先，让我们从任务的标签类型开始。如果你已经有了一套任务管理系统，并且该系统内置优先级分类功能，那么你可以直接使用了。但如果目前你还没有任务管理系统，下面是两个选项：

选项 1	选项 2
紧急	5
高优先级	4
中优先级	3
低优先级	2
可做可不做	1

对于选项 1，所有必须立即完成的任务被标记为“紧急”。“高”应适用于高优先级的任务，“中”应适用于中等优先级的任务，依次排序。选项 2 则按从 5 到 1 的顺序分别表示优先级从高到低，5 是最高优先级，1 是最低优先级，即可做可不做的任务。

通常很少有紧急任务。一般情况下，列表中被标注为紧急或高优先级（5 或 4）的任务所占的比重不会超过 10%。一旦优先级排序完成后，你将专注于首先处理所有的紧急任务直到完成，然后着手高优先级的任务。依次类推，在完成了所有高优先级的任务后，然后是中优先级，最后是低优先级。

在工作中，你可以请经理帮助你确定任务的优先级，因为在不了解公司整个大格局的情况下，你为任务定的优先级可能与其实际优先级有出入，从而导致错过完成关键任务的机会。如果可以的话，可请经理为所有新任务和截止日期指定优先级。这将会使未来的工作更容易。同样地，对于家务事，你可以和家里的其他决策者一起做决定。

截止日期是决定任务在列表中位置的另一个影响因素。某个任务，可能它的优先级只是中等，但截止日期是下周四。假如完成这项工作需要一个小时，那么到下周三它的优先级就应该调整为高优先级，如果到周四还未完成，其优先级就应该是紧急了。

如果你是经理或你的工作是委派任务给其他人，最好先将任务分配下去，然后再处理自己的首要任务。这会让其他人及时参与到该项目中来，不会因为等你的任务安排而白白浪费时间，这样整个团队才能够高效地工作。

分配或接收任务时，尽量收集与任务相关的所有信息。以下示例是分配任务时应包含的内容或接收任务时应要求的内容：

◇ 任务名称。

◇ 截止日期。

◇ 优先级。

◇ 受让人（被指派完成任务的人）。

◇ 任务经理（负责审查任务的人）。

◇ 任务说明（任务涉及的细节）。

◇ 任务类别（如数据输入、营销、人力资源、客户等；这有助于明确自己在每个环节所扮演的角色）。

◇ 完成任务所需的附件 / 材料。

◇ 培训资源（有关如何完成任务的培训视频或文档的链接。比如，我自己有一个维护常见任务的视频库，以辅助网络教学）。

如果在笔记本中手写管理任务，可以为每个任务创建一列，最常见的任务管理系统大多采取这种形式，或者你也可以用 Excel 表格（或其他类似软件）。如果你想使用数字任务管理系统，我可以推荐两款免费的系统：

Trello：一种可视化的拖放卡片系统，每个任务都是一张卡片，可以用于处理优先级、截止日期和分配团队任务。

Airtable：一种通用的“数据库与电子表格”系统，几乎适用于任何情况下的时间管理，可以定制。我将它用作任务管理系统、客户关系管理系统、演讲机会数据库、编辑日历以及许多其他用途。我还用 Airtable 为每个客户创建了项目账号，这样他们项目的状态就一目了然了。

Trello 更直观，而 Airtable 则更灵活，适用于喜欢个人定制的人士。现在市面上还有很多其他的任务管理系统，但对于新手来说，这两款中的任何一个都完全能满足你的需求。如果你在使用了几个月后发现自己需要更多的功能，可以考虑其他的任务管理系统。

研究任务管理系统时，我发现在多个设备上同时安装任务管理系统非常有帮助。拿我来说，我在台式电脑、笔记本电脑、平板电脑和智能手机上都能访问任务系统。因此，无论我去哪里或手头上有什么设备，我都可以随时处理任务、更新任务、做笔记和管理我的每一天和我的团队成员。

Trello 和 Airtable 都支持台式和移动应用程序。

步骤 3：专注于单一任务

同时处理多个任务是一个神话。科学研究已经证明，即使是公认的多任务处理行家，当他们一次专注于一项任务时，最终完成的工作会更多。多任务工作会削弱工作效率，更容易诱发拖延。这是因为当我们同时处理多个任务时，我们实际上还是一次只能做一件事，但专注力却被分散在许多任务上，这种分散意味着每一项任务都无法得到充分的关注，最终导致工作质量低下。更糟糕的是，持续地把注意力集中在更小、更简单的任务上，会诱使我们避开大型、棘手的任务。问题的解决方案是什么？实施单一任务。

一旦你完成了对任务按优先级进行排序后，专注于最重要的任务，直至完成，然后专注于第二重要的任务，直至完成，依此类推。实施单一任务的一个好方法是设置 30 分钟的倒计时，然后只处理一个任务，直到该任务完成或时间用完。如果你在 5 分钟内完成了第一个任务，请转到第二个任务，并继续执行，直到用完30分钟为止。然后，在30分钟后，进行5分钟的伸展休息，重新设置倒计时30分钟，然后转到下一个最重要的任务。继续上述操作，直到完成任务。这就是“波莫多罗法”，是以一个番茄形状的厨房定时器（波莫多罗在意大利语中是“番茄”的意思）命名的。该项技术最早出现在20世纪80年代末，是一名叫富兰思·齐罗的大学生研发的。

你可以在网站或智能手机上使用一个在线计时器，或者从一元店里买一个简易厨房计时器（可选番茄形状）。我使用的是手机附带的标准时钟应用程序。还有许多其他智能手机定时器应用程序，都不妨一试。

学习如何一次只专注于一项任务可能是提高工作效率的最重要的因素，这对抑制你浪费时间漫无目的地做很多事情有很大的帮助。只有当你工作有效率的时候，你才会被激励去更好地完成工作。

步骤 4：创建你一天的上层结构

拿出“停止浪费时间”的笔记本，翻到新的一页，写下“明天的上层结构”这个标题。用你明天的日历作为起点，写下你必须做的任务，例如会议和午休时间。在剩余的时间段内，优先处理你标注为紧急或高优先级的任务。

按时间段将工作分类通常会提高工作效率。例如，如果你写一篇文章，需要 30 分钟到 1 小时；而收发邮件、打电话则 5 分钟足矣。下面是一些按时间段将任务分类的示例：

◇ 规划。

◇ 计划你每天或每周的各种任务及其优先级。

◇ 产品研发。

◇ 写作。

◇ 产品规划。

◇ 产品创造。

◇ 市场营销。

◇ 制订营销计划。

◇ 分配营销任务。

◇ 监测营销结果。

◇ 人力资源。

◇ 招聘。

◇ 培训。

◇ 绩效管理与辅导。

◇ 客户服务。

◇ 回复电子邮件。

◇ 打电话和回电话。

因此，基于这些时间段，一天的上层结构如下所示：

明　天	时间段
上午 9:00	客户服务
上午 10:00	市场营销
上午 11:00	人力资源
中午	午餐
下午 1:00	产品研发
下午 2:00	会议
下午 3:00	人力资源
下午 4:00	做计划

必须记住，在指定的时间段内，首先处理优先级最高的任务。因此，在本例中，你将在“客户服务”模块中首先完成最重要的客户回复，在“市场营销”模块中首先完成最优先的市场营销任务。我在这里用一小时为例作为时间分割段，你完全可以用半小时或两小时作为分割段，或者不分，把一整天都用在写作或营销上。

想知道如何把该方法应用到你的个人生活和周末吗？你同样可以利用上层结构，在完成很多事情的同时还有足够的时间可以安排娱乐活动。下面是一个类似的表格，显示了如何安排个人生活。

星期六	时间段
上午 9:00	清理车库
上午 10:00	清理车库
上午 11:00	去杂货店购物，为晚上与朋友聚餐做准备
中午	午餐
下午 1:00	步行 / 健身
下午 2:00	整理客厅
下午 3:00	开始烹饪
下午 4:00	朋友到达
下午 5:00	享受晚餐
下午 6:00	与朋友享受悠闲时光

通过预留娱乐的时间，比如与朋友聚会、约会或出去“探险”，你可以做到勤奋工作与享受生活两不误。

让每件事情的效率高起来

你有没有看过电视节目《囤积者》，人们在家里堆放了太多东西，几乎不能四处走动，甚至健康状况都受到影响？我们中一些人的电子文档，特别是电子邮件的收件箱，其杂乱程度堪比这些囤积者所堆放的物品。就像《囤积者》所展示的那样，这会影响我们的心理健康和压力水平。

我们在电子邮件收件箱里花了很多时间，看到一大堆未读邮件，我们会感到烦不胜烦。这不是你的错，因为发给你的所有邮件都会到达同一个地方——收件箱。因此，来自潜在客户关于可能的巨额交易的电子邮件，朋友转发的笑话，几个月内不必担心的通知，甚至是要求你购买东西的垃圾邮件都被系统一视同仁地放在了收件箱。

我每天都对电子邮件进行处理，因此我的电子邮件收件箱是干净的。我从来也不加班，听起来不可能，但事实就是如此。我将向你介绍一种方法，每天用不到 20 分钟就可以解决电子邮件混乱的问题。这种方法被称为“零邮件收件箱”，适用于各种电子邮箱。下面就介绍具体的操作步骤。

零邮件收件箱操作步骤

零邮件收件箱法提供了一个快速查找高优先级电子邮件，整理电子邮件以便轻松完成检索以及实现一天结束后无未读邮件的系统。具体步骤如下：

1. 电子邮件分类：将电子邮件按优先级分类（下一步讨论）。
2. 删除：删除不重要的邮件并清空垃圾邮件箱。
3. 委派：将可以由其他人处理的电子邮件转发给合适的负责人，要求对方处理该事项。然后根据需要删除或存档电子邮件以供以后检索。
4. 回复：尽可能高效地按优先级回复邮件，必要时存档备查。

电子邮件分类（排序）

电子邮件跨越多个类别和优先级级别。在工作邮件中，你可能会收到来自客户、经理、人力资源部、销售部等发来的邮件。在个人电子邮件中，你可能会收到来自朋友、慈善机构、社区团体、信用卡等电子邮件。希望你能针对每个机构都有单独的电子邮箱，与完成普通任务一样，这些电子邮件应该以同样的方式进行“分诊”。

分诊可以通过使用文件夹、标签或类别来完成，具体取决于你所使用是何种电子邮箱。不需要在收件箱处理电子邮件，而是将邮件分类到适当的文件夹/标签/类别中。在电子邮件中为以下内容创建分类文件夹：

首先：处理优先级最高的邮件；

下一步：下一级别优先级的邮件；

待定：需要等待更多信息才能处理的邮件，如新闻稿等只读邮件；

存档：已完成的邮件。

如果有一个人的邮件的优先级高于其他人，比如最大的客户或经理。可以使用电子邮件程序上的过滤功能，自动将该人的所有电子邮件转发到“首先”文件夹中，以确保该人的邮件会得到优先处理。

如果邮件上有截止日期，我建议将其添加到任务列表中并注明截止日期。或者，你可以将此类邮件添加到“待定”文件夹中，并确保每周检查一次或两次“待定”文件夹。还有一些工具，比如Gmail的回旋镖，可以帮你存档邮件，并在你设定的日期将这些邮件放回到你的收件箱。

所有这些方法都行之有效，但你需要确保自己有一套正在使用的系统并能坚持下去。就我个人而言，我将邮件连同其链接添加到我的任务管理列表中。好好研究一下你现在使用的邮箱，看看你有什么工具可用，并很好地利用起来。

当各种文件夹就位后，将电子邮件移动到它们各自的新家中。这个过程不需要纠结，几秒钟内迅速做出决定。如果放错了地方，稍后再做调整就是了。在大多数情况下，分类时不需要打开该邮件，只需根据发件人和主题行将其拖到“首先”“下一步”或“待定”即可。将邮件逐一处理，或删除，或将其放在适当的文件夹中按优先级处理。

收件箱不是存储邮件的位置

删除不再需要的电子邮件，清空垃圾邮件箱。确保“首先”“下一步”和“待定”文件夹中的所有重要电子邮件都能获得及时的处理或委派给他人，然后将它们存档。不要在你的收件箱里放上千封电子邮件。使用零邮件收件箱方法，你的收件箱每天的邮件数都将是零。

按优先级顺序将电子邮件添加到任务列表中，可以把电子邮件转换为常规任务。这样就能将任务列表和电子邮件列表合二为一。例如，Gmail 有一个按钮可以被添加到浏览器中，该按钮可以轻松地将任务添加到项目管理应用程序 Trello 中。

个人邮件与工作邮件

为了将工作与个人生活分开，以便两者互不干扰，我强烈建议你将工作和个人电子邮件分别管理。单独的个人邮件账户可以防止你在晚上和周末的私人时间看到工作邮件并沉迷于工作，同样也有助于你的私人生活远离同事和经理。

在私人时间只查看个人电子邮件，可以更仔细地回复朋友和家人。如果您的个人邮件收件箱满了，同样可以应用零邮件收件箱方法来加以控制。

应用程序和其他自动化电子邮件管理器

有许多应用程序和自动化系统都可以帮助你管理电子邮件。下面是一些常用的工具，看看有没有适合你的那一款。

文本扩展器软件

就我个人而言，我用一款名为PhraseExpress的文本扩展软件来自动回复邮件和创建文档。还有其他版本，如WordExpander和Breevy，它们都具备相同的功能：允许你预先创建回复内容，然后将其插入到任何电子邮件、表单或文档中，只需按几下键即可完成。选择的软件不同，你获得的特定功能会有所不同，但通过简单的网络搜索，可以找到产品描述和客户评论，以决定哪种扩展器最适合你的需要。

电子邮件列表管理

除了一对一的电子邮件之外，我还通过电子邮件进行一对多的通信联系。这让我：

◇ 按兴趣类别创建人员名单。

◇ 允许用户自动访问内容、注册活动、订阅和取消订阅。

◇ 面向成千上万的注册用户，传播他们希望收到的信息。

◇ 发送一系列自动电子邮件广而告之。

◇ 发送一系列电子邮件发布我的产品，将用户带到我的销售漏斗中。

我用来自动管理电子邮件列表的工具是 MailerLite，

它便宜又好用。电子邮件列表管理和广播工具对于我与订阅用户保持联系至关重要，我的大部分收入来自于与我的列表中的用户的沟通交流。

过滤器

我使用 Gmail 中的过滤器可根据收件人对邮件自动排序。（这也适用于 Outlook 和其他大多数邮箱。）电子邮件可以直接发送到我的“阅读”文件夹，而无需点击收件箱。这个过滤还允许我设置优先级和清除垃圾邮件，同时也可以使用筛选功能确保重要的电子邮件自动进入“第一步”文件夹，以节省排序时间。

每天“多出”1 小时

待办事项是结束拖延和提高效能的核心。待办事项列表通过以下方式实现：

◇ 列出需处理的所有任务。

◇ 有助于优先级的分配和截止日期的确定。

◇ 让你专注于手头的下一项任务。

◇ 确保你不会忘记或遗漏重要的任务。

◇ 跟踪你一天所做的工作，衡量你一天的工作效能。

◇ 完成每一项任务后让你有成就感。

对所有待办事项了然于心

你是否经常发现自己在说：“我必须记住做某某事？”结果一两个小时后，你却在绞尽脑汁地回忆那项重要的任务到底是什么。记住待办事项清单，单凭记忆并不可靠。手写一份待办事项清单或做一张电子表格可以让你轻松快捷地记住这些需处理的任务。

你也可以使用一些简单的实物来帮助你专注于工作，防止偏离正轨。例如，我的一个客户有一个成功的播客，能够帮助她与所接触的社区进行有益的互动。但是许多社区成员打电话给她只是为了聊天，除了社交之外没有任何真正的目的。他们往往会神侃一番，占用了她大量的时间，但不会给她带来任何收益。所以，我们给出的建议是在电脑屏幕下方贴一个黄色便笺纸，上面写着：谁会为用去的这段时间买单？这个黄色便签纸对她产生了巨大的影响，提醒她礼貌地缩短闲聊通话时间，以便专注于更有价值的工作。

为什么要制定待办事项列表？

你需要将待办事项列表作为提高效能体系的一部分，并坚持下去。因为一旦放弃，有可能就又回到拖延和浪费时间的模式。即使你一天只有两件事要做，也要按优先级顺序写下来并添加到待办事项列表中，然后做标记。这样你就可以慢慢养成习惯，当清单上有更多的事项时，你就已经有了一个体系。

保持工作正常运行

把日常工作清单当作一份活的文件。你会添加新任务，突出显示重要任务，在任务完成时将其划掉。正如你会关注需要你照顾的活的生物一样，你也需要关注待办事项。

在结束一天的工作后回顾检查自己的待办事项，将剩余的任务加到第二天的待办事项列表中并排好优先级。这样你就可以心情舒畅、信心满满地开始新的一天的工作，而不需要猜自己到底该先做什么。

自查——坚持使用待办事项列表

当刚开始接触待办事项列表或其他新事物时，有的人往往只有三分钟热度，然后慢慢地退回到老习惯中——要么忘记回顾检查待办事项列表，要么忘记将新任务加入列表，单靠记忆决定下一步要做什么。这样一来，他们就无法体会待办事项列表的诸多好处，比如明确的优先事项、集中精力，以及确保不会遗漏任何任务。

就像开始尝试一种新的饮食或健身养生法一样，只有每天坚持，你才能从新的待办事项列表系统中获益，因此务必定期检查回顾。早上第一件事就是检查你的清单，明确需要优先处理的任务。午饭后，再次检查以确保你仍然按优先顺序工作。在每个任务完成、中断之后，检查列表以确认下一步是什么。

确保首先检查列表并确认下一个优先任务，然后再开始工作。在将新任务添加到待办事项列表并赋予其优先级之前，不要启动任何新任务。任务清单是提高效能的“圣书”。坚持吧！相信它一定会对你有所帮助。

待办事项列表示例

下面是一些简单的待办事项列表格式。这些都是与工作相关的示例，但同时也适用于任何类型的待办事项列表。许多应用程序都有预设的任务模板，但是下面这些简单的待办事项列表可以很容易地手写在笔记本或输入到电子表格中。

示例 1：按优先级排序

在本例中，只需按优先级顺序列出任务：

1. 买卫生纸（这是头等大事，其原因不言而喻）。
2. 为明天的市场营销会议制订议程。
3. 回电话。
4. 回复电子邮件。
5. 审阅求职申请。
6. 与团队一起集思广益新产品创意。
7. 考虑登上与明星共舞节目舞台的要求。

这是一个非常简单但有效的系统。记住不要仅仅因为任务简单或者你喜欢就把这些任务放在最前面，列表中的第一项不管复杂程度如何，应该是最优先的。

可以每天重写和调整优先级。有人会在页面上方或列表条目之间留出空间，以防出现新的、优先级更高的任务。或者，可以在页面底部列出新任务并将其突出显示，要是这样的话别忘记检查列表底部。

示例 2：按时间板块排序

还记得前面我们讨论过时间模块，即为每个任务留出一定的时间吗？下面是按时间板块排序的待办事项列表：

◇ 行政管理。

◇ 购买卫生纸。

◇ 人力资源。

◇ 审阅求职申请。

◇ 客户服务。

◇ 回电话。

◇ 回复电子邮件。

◇ 市场营销。

◇ 为明天的市场营销会议制订议程。

◇ 考虑登上“与明星共舞”节目舞台的要求。

◇ 产品开发。

◇ 与团队一起集思广益新产品创意。

上述两种方法均可，你只需将任务按类别分类，然后根据优先级顺序进行处理。并不是按照单子从上到下依次处理，而是依据日历上的时间板块。如果日历上显示现在是处理市场营销板块时间，从该板块的第一个任务开始，即为明天的市场营销会议制订议程。我用的就是这个系统——先将任务按类别放在不同时间板块下，然后按优先级顺序依次处理。

电子待办事项列表与手写待办事项列表

我前面提到过，有人使用软件或应用程序来管理待办事项列表，而有人则使用手写记录、日记或议程。为了帮你找出最适合自己的方法，以下是每种方法的优缺点：

手写（书面）任务列表	
优　点	缺　点
书写的过程有助于记忆和学习	可能会丢失
机动灵活，可根据任务不同调整版式	很难添加到电子日历上
无需用电	很难给他人分配任务
可以远离电子产品	

软件（电子）任务列表	
优　点	缺　点
易于共享	需要电源 / 充电
可在多个设备上访问	可能无法在没有网络覆盖范围的地区使用
用手机管理的版本可随身携带	成为科技产品的奴隶
无需担心丢失	
可以在系统内分配任务	
可定制，满足个性化需求	

我的第一个时间管理工具是一个手写、议程式的计时器，我在前言中提到过，是当时的经理送给我的一份很好的礼物。这个计时器陪伴了我很多年。后来，当我开始远程管理团队时，我改用时间规划软件了，但我偶尔还会怀念那个手写计时器。

无论使用手写还是电子方式保存待办事项列表都能让你实现井井有条。但是如果你需要管理一个更大的团队或者与团队成员远程合作，我推荐使用前面提到的 Trello 或 AirTable 这样的规划软件（见第 65 和 66 页）。

第二周：行动计划

拿出“停止浪费时间”笔记本，翻到新的一页，写下“明天的上层结构”这一标题。参见你第一次做这个练习的内容。这是你每天都要做的，从现在就开始。

创建明天的待办事项列表，时间板块或编号优先级这两种格式都可以。你可以试着颠覆自己之前的习惯，看看哪个对你最有效。这样做的目的是确保你能更容易地看到最优先级事项，进行标记并完成，然后继续执行第二重要的任务，依此类推。利用你在本章学到的知识，为明天制订一个时间表，为需要完成的每一项任务分配时间。不要忘记用零邮件收件箱方法对邮箱进行管理。

如果你愿意，你现在就可以考虑把这些信息放到软件程序或应用程序中，但不要让寻找完美的软件解决方案成为你拖延的另外一个借口。如果你不知道该用哪种工具，就暂时用笔记本吧。如果你想研究其他可选项，请将其添加到明天的待办事项列表中，并在完成所有更高优先级的任务后解决这个问题。

确保明早第一件事是看一下日程安排。如有必要，在电脑显示器上，甚至在浴室的镜子上贴一张便笺条，提醒你在出门前看看待办事项。

从现在开始，在结束一天的工作前留出一段时间来为第二天建造上层结构。

本章小结

你学到了

◇ 成功来自于出色的效能体系。

◇ 日常待办事项列表是停止浪费时间和结束拖延的关键因素。

◇ 按优先级将工作排序可以最大限度地提高工作效率，远离拖延。

◇ 电子邮件收件箱用于分类，而不是用于处理和存储电子邮件。

◇ 同时处理多项工作不是一个好的策略——专注于每一项任务更有效。

你学会了如何

◇ 创建每日待办事项列表。

◇ 优先处理重要任务。

◇ 更好地集中精力，一次只完成一项任务。

◇ 将任务清单作为提高效能的重要系统。

◇ 每天将电子邮件收件箱归零。

◇ 把你的待办事项列表当作一个活的文档，并在第二天不断更新。

CHAPTER 4

第四章

第三周：实现时间自由

第四章

第三周：实现时间自由

时间是宝贵的——比金钱更有价值。想想看，如果钱用完了，总有办法再挣、再存，甚至可以靠别人的周济渡过难关。但时间却是一去不复返的。金钱换不来时间，你更无法向别人讨要时间。即使是最富有的人也不能在临终前用他们所有的财富再换来一年的时间，从这个意义上说，时间是无价的。

但另一方面，时间和金钱又有相似之处，它们都需要呵护，如果你不珍惜，就会失去它们。就像钱会被小偷偷走一样，你的时间也会被“时间小偷”偷走。你需要小心提防身边的“时间小偷”——那些会消耗你宝贵时间的人和事，正是它们让你无法完成自己想要完成的“真正的”任务。让我们从一些常见的“时间小偷”开始，然后我将帮你找出降低其影响甚至完全摆脱它们的方法。

他人

我喜欢把一天中的时间想象成24个我必须花掉的金币。对于如何花这些时间硬币我非常慎重，我不允许任何其他人、随机任务、电子产品偷走我的时间金币，让自己一无所有。让我们先来看看其他人如何侵占你的时间、干扰你的工作效率：

◇ 请求帮助。
◇ 社交和八卦。
◇ 漫无目的、无焦点的对话。
◇ 会议。
◇ 计划外的电话。
◇ 上班时间打私人电话。
◇ 私人时间打工作电话。

无论是在工作还是个人生活中，我们都要随时与人交往，因此学习如何更有效地与人打交道对于提高效能有着巨大的影响。想想你每天与同事、下属或经理交谈的次数；再想想每周你得花多少时间参加多少场会议。许多办公室现在都采用“开放概念”，即人们在公共环境中工作，而不是在单独的办公室或小隔间。虽然开放式办公室背后的理念是改善协作，但研究表明：开放式办公室的理念实际上会降低效能。

人际交往在你的一天中占很大的比重，因此学习如何使人际交往更有成效，是成功提高效能和实现专注于工作的关键。

媒体和设备

以前，电话和他人是干扰因素的主要来源。而现在，干扰因素已经大大增加了。

除了上面所说的电话和人的因素外，还有如下因素：

◇ 应用程序。

◇ 电子邮件。

◇ 电子日历。

◇ 智能手机。

◇ 社交媒体。

◇ 任务管理系统。

◇ 团队协作工具。

◇ 短信。

◇ 视频通话。

更糟糕的是，智能手机几乎终日与我们为伴，所以我们一天到晚都会收到电话、短信、电子邮件、社交媒体动态等其他通知。除了朋友和家人需要我们及时关注之外，客户和经理有时也认为我们应该一周 7 天、一天 24 小时随时接听电话、回复邮件或推特内容。从这个意义上说，我们连一晚上或一天的假期都没有了。下班后还要处理工作的问题已经非常严重，一些国家（如法国和德国）已经制定了法律，禁止雇主在工作时间以外联系员工。这主意不错。

食人任务

“食人任务”是指消耗大量时间的任务。通常情况下，开放的项目没有固定的最后期限，或者目标模糊，不断扩大和占用你的时间。以下是一些“食人任务”的示例：

◇ 研究一个新的培训计划（没有规定的截止日期）。

◇ 了解我们如何改善客户关系。

◇ 改进招聘流程。

◇ 做家务（从来都是进行时，没有完成时）。

◇ 改善社交生活。

其中一些任务可能非常重要，但是由于没有确定的结束日期或很难估算其占用的时间，这些“食人任务”变成了黑洞，把你宝贵的时间吸进了无尽的深渊。别让这种事情发生。

利用好碎片化时间

为了帮你把时间再偷回来，我总结了一些技巧来对付这些常见的“时间小偷”。这些技巧主要与职场相关，但进行一些调整之后也可以用于完成家庭任务或实现个人目标。例如，虽然不能要求孩子把他们的请求分门别类地放在电子邮件里，但是你可以让他们知道你现在正忙，因此除非有紧急请求，否则他们需要等你忙完手头的工作。

来自他人的干扰

在繁忙的办公环境中被干扰似乎是不可避免的，但仍有一些方法可以大大减少来自他人的干扰。即使你只能将干扰减少 20%，这也将对你的注意力和工作效能产生巨大的影响。以下是应对干扰的一些方法：

尊重员工汇报机制：确保员工如果需要帮助和指导，应首先与其直接主管交流，而不是来找你，除非你确实是帮助该员工的最佳人选。

非中断（异步）交流：在你正在使用的任务管理程序中，鼓励通过电子邮件或评论进行非中断交流，而不是走到某人的办公桌旁，打断他们的正常工作进程。例如，如果有人走进你的办公室，打断你，告诉你他们订购了你要的新软件，这会完全破坏你的专注力，而要再调整到原来的水平可能需要 20 分钟或更长的时间。事实上，这种信息完全不需要讨论，一个简单的“今天订购”的便条或电子邮件就足矣。因为当你处理邮件任务时，你会获得有关软件订单状态的所需信息，而不是在处理需要集中注意力才能完成的任务时被打断。

来自经理的干扰：你的经理是否经常问各种问题或要求你汇报工作？制订一套系统，通过任务管理系统和 / 或 20 分钟会议快速汇报工作。我的团队为任务管理系统中的每个任务添加备注，这样我就可以了解到该任务的进展，如果我想了解更多信息，我只需提前在该任务后添加备注，要求有人向我汇报进展。这样，我就不会打断团队成员的正常工作。

安排帮助他人的时间：如果有人需要你的帮助，告诉他们你现在很忙，但下午会帮他们。建议他们以后提前预约，或你自己提前一天或一周专门预留出一个时间段，这样别人在这个时间段来找你帮忙也不会担心打扰到你了。

工作时段的私人电话：我建议在工作时间将私人电话或短信直接转到语音信箱，在茶歇或午餐期间再回复。告诉直系亲属，除非是紧急情况，否则他们在工作时间内会无法联络到你。让他们在紧急情况下打你的工作电话，在非紧急情况下在语音信箱留言或发短信。

会议

会议是办公环境中最浪费时间的活动之一。以下是组织者提高会议效率的一些建议：

为每次会议设定目标。不要为了开会而开会。应该有一个明确的目标，说明你想在会议中解决的问题，否则就不要开会。

在开会前一定要有一份书面的议程。为议程上的每个任务设置一个大体的时间量，这样人们就知道在每个任务上花费多少时间及其重要性。

制订基本规则。基本规则规定了会议如何进行以及人们应该如何与其他人合作。一些好的基本原则包括互相尊重、不打断对方、快速提出观点、不使用智能手机、坚持议程以及准时。

做好会议记录以抓住要点。这可以包括会议的音频或视频记录、会议笔记、思维导图和手机记事本。会议应由一人负责记录和创建会议笔记。

准点开始会议。即使与会人员未到齐，也要准时开始会议，这将促使迟来的人以后准时到达。如果有人习惯性迟到，与其主管讨论这种不可接受的行为，向他们解释，迟到是对同事时间的不尊重。

如果有书面报告，提前分发下去。这样可以防止与会人员在会议期间阅读报告，问他们关于该报告是否有问题提问。

保持专注，防止跑题。不要让与会者讨论与议程无关的事情，也不要草草了事，跳过议程上的某些事项。如果讨论真的跑题了，指出当前的主题是什么，让讨论回到正规。

留意分配给议程上每个事项的时间，不要拖沓。

确保简洁。让人们学会清楚、快速地表达自己的观点，然后留出他人给出反馈的时间。不要让发言人长篇大论，喋喋不休地一直说下去，要做到这点，需要有一个能力强的会议主持人。

行动计划。在会议期间制订一个行动计划，让与会者知道自己的任务是什么，以实现会议的目的。确保会议或行动计划中的任务被添加到每个相关人员的任务管理系统中，以便后续跟进。

永远不要问“还有别的问题吗”。这个问题意味着你破坏了先前创建议程、执行议程的所有努力。如果某件事很重要，需要讨论，那么会议之前就应该放在议程里了。如果有人提出任何新的问题，告诉他们你会考虑将其添加到下一次会议的议程中。

按时结束。在会议开始时设置一个计时器，确保会议不会拖延，尊重每个人的时间。

但如果你不是会议组织者，只是与会人员呢？你可以把这本书送给他们，并将这部分突出显示。如果担心遭到打击报复的话，可以匿名送。如果你与会议组织者个人关系良好，可为他们推荐其中一些内容，还可以通过以下方式提高会议质量，改进与会体验：

◇ 提前要求准备会议议程。

◇ 充分准备好需要讨论的议题。

◇ 不管别人表现如何，尽量让自己的陈述清晰、简洁，并遵循良好的基本原则。

◇ 确保有书面报告并提前分发。

◇ 当会议偏离主题时，礼貌地指出来。

◇ 为会议期间针对你的行动项目制订任务清单。

◇ 认真聆听，提出有价值的问题。

◇ 将会议看作是展示你技能和价值的机会，建立更好的工作关系。

媒体和设备

在斯坦利杯决赛中，冰球选手在比赛中会接电话吗？交响乐团的大提琴手在台上演奏时会发短信吗？当然不会。世界级的表演需要世界级的专注力。

想象一下，你正在进行高水平的思考，大脑注意力高度集中，你正以惊人的工作效率处理最棘手的问题，这时候，你希望让脸书通知、短信或电子邮件打断这种状态吗？这些媒体里的信息到底有多重要，让你不惜打断这来之不易的工作思路？

事实是，在设备和媒体的不断干扰下，你根本无法保持全神贯注，进行高水平的工作——任何人都做不到。我们希望外科医生、核电站技术人员、重型设备操作员、曲棍球运动员、大提琴手及其他人能够全神贯注地工作，同时我们自己也应该如此。夺回专注力和时间的最重要的事情之一就是更具战略性地管理高科技电子设备，方法如下。

电子邮件：关闭电子邮件通知，养成每天检查几次电子邮件的习惯，看看有什么新情况。尤其是 Microsoft Outlook，如果不关闭通知，即使在程序关闭时，照样能收到邮件信息。关闭电子邮件标签或通知，这样你就不会老想着瞄一眼有没有新邮件了。

电话：我知道你工作的一部分可能是接电话。但是，除非你在呼叫中心工作，否则一天中可能会有一些时段需要你全神贯注，排除电话干扰。在这种情况下，将电话转到语音信箱一个小时左右，然后忙过工作高峰期后再检查语音信箱。

浏览器标签：我的客户会向我展示他们的电脑屏幕，这样我就能看到他们在做什么，并据此讨论应对策略。我发现很多客户同时打开了10个或更多的浏览器选项卡。虽然现代计算机有足够的内存来打开多个选项卡，但这非常分散注意力。只打开手头任务所需的选项卡，关闭其余选项卡。这将有助于集中注意力。

社交媒体：推特、脸书、YouTube、Instagram和其他社交媒体平台都会让你知道朋友何时发布状态更新，何时有人评论你在社交媒体上分享的内容。这些都是持续的干扰因素，会削弱你的注意力。如果是个人社交活动，只需登录这些社交媒体，在休息时间使用，保持活跃。如果社交媒体是你工作的一部分，例如，如果你的工作是组织管理一个社交媒体活动，那么在一天中找个固定的时段检查并回复所有评论和帖子。

智能手机：智能手机不再只是手机，而是便携式电脑，高端品牌智能手机可能比许多笔记本电脑更贵。所以，除了打电话和发短信，还可以收发电子邮件或查看社交媒体通知。手机上安装的每个应用程序似乎都认为每次发生问题时都需要通知，因此默认情况下，所有通知都处于开启状态。要学会关闭手机上的所有通知，只留下那些真正有用的通知。我的手机会提醒我预约时间，但不会提醒我新的电子邮件、脸书消息或其他任何事情。我会在休息和午餐时间检查短信和电话，而不让它们打断我正常的工作思路。

对我们中的许多人来说，检查手机就像上瘾一样，10分钟不看手机就担心可能会遗漏一些重要的东西。而且，许多朋友甚至客户可能都希冀能在几分钟内收到我们的回复。对于工作，我有一个标准：一个工作日内回复所有电子邮件、电话和其他通信。同时，我让客户们都知道这一承诺，以便他们能够预测何时得到回复。我的家人和朋友都知道我在工作时间不会回复短信或电话，但他们会在午餐时段或晚上收到我的回复。

需记住的要点是：现代高科技产品是你的仆人，而不是主人。管控好你所有的媒体和设备，不要让它们打扰你，除非很有必要，比如在记住一个约会或者提醒你去做一个新的项目的时候。

家中的干扰

当你试图专注于你想完成的工作时，你在家里会经常被打断吗？与家人谈，让他们知道每天你都会留出几个小时的时间，专注于自己的项目或爱好，要求他们尊重这段时间。或者如果可能的话，去图书馆或咖啡屋，以消除任何干扰。如果家人或朋友经常不请自来，让他们知道你更希望他们能提前告知你。如果他们还是我行我素，那就拿着你的外套说你没时间，因为要去赴一个重要的约会。希望他们能领会你的意思。

工作中的社交

一些社交活动对团队建设很有帮助，但尝试将其转移到不忙的时间段。在茶歇、午餐、工作社交活动或其他休息时间进行社交。如果一个健谈的同事在你工作的时候接近你，找个借口，说你手头上项目的截止日期快到了，安排和他们共进午餐，交流谈心。

漫无目的、无焦点的对话

人们往往在谈话中会把话题不经意间扯远，所以你需要迅速地把他们带回到重点上来。尽量做到言简意赅，这样你就可以回到你自己的工作中去。这种技巧可以应用于客户、供应商、同事和管理层。不要用“你今天怎么样”或者“周末过得怎么样”这种见面寒暄方式，而应使用这样的问题：“我该如何帮助你？”“你需要我为这个项目做什么？”或者“我们的下一步是什么？”

如果有人想就某事为你提供一些思路或想法，请他们以书面形式发给你关于这个主题的三点最重要的建议，这样他们会理清思路，缩小范围，给你一个简洁的列表，而不是在一个开放式的对话中漫无目的地谈论他们的想法。

食人任务

我之前提到过，“食人任务”是指那些占用大量时间的任务。正是其开放性的特性使这些任务变得危险。一些方法可以阻止食人任务占用其他任务的时间，那就是将其清楚地界定，并防止边界模糊。

明确目标。明确项目的目标，制订一个任务计划来完成这个目标。

设定时间限制。管理层需要明确自己希望在某个项目上花多少时间，5小时、25小时还是100小时？我有过这样的案例，我曾告诉助理花几个小时帮我调研某件事情，结果她在这个任务上花了整整10小时，因为我没说清楚具体的小时数。只有先把完成任务所需投资的时间确定下来，才能相应地做计划。

预留时间。每周有一个固定的时间段来处理大型、长期的项目。把时间花在这个项目上，但不要太过投入，不要让它侵占更多的时间。

将任务分解。将较大的项目分成较小的模块，并列出每个模块的任务列表。

创建自己的计划。如果项目本身没有截止日期，自己创建里程碑或结束日期，这将有助于早日彻底完成该项目。

大脑是最大的时间强盗

大脑是个神奇的工具。人类的大脑可以谱写交响乐，建造太空探测器来探索太阳系，开拓激动人心的新业务，抑或是在效能的另一端，在 YouTube 上一连看几小时关于猫的有趣视频。我们如何才能让大脑专注在我们想要完成的有意义的事情上，而不是把宝贵的时间浪费在电子媒体上或浑浑噩噩地用毫无意义的工作来填满自己的日子？首先我们要弄明白为什么大脑会从我们这里窃取时间，然后才能把时间再偷回来。

分心

我们的世界充满了不断分解我们的注意力的“闪亮”的

东西，包括：

媒体：书籍、电影、电视、电子书、游戏。

人：面对面交流、在线论坛、社交媒体、网络视频。

事件：新闻、政治、危机、原因。

在互联网上，所有这些只需轻轻点击一下。一个简单任务的相关搜索会显示一个潜在相关网站、文章和视频的列表。但是搜索和相关的网站也会弹出广告——基于早期搜索的个性化广告。所以，即使你正在寻找自己想要的信息，你仍然随时可能遇到自己感兴趣的信息，结果导致注意力被分散。

如果我决定写一篇关于分心的文章，并在谷歌中搜索"分心"这个词，其中一个搜索结果就是保罗·麦卡特尼的一首歌的视频，叫作"分心"。作为披头士的忠实粉丝，我对这个很感兴趣，所以我点击了保罗·麦卡特尼这首歌的视频，这是我以前从未听过的。哎呀，现在我干的事已经和写这篇文章没关系了。一旦进入 YouTube，里面有很多其他基于我搜索的相关视频。那么，当所有这些“闪亮”的东西都在那里分散你的注意力时，如何训练大脑的专注力呢？以下是两种让你专注的主要方法。

关注自己有限的意志力 / 自律。自律理论上听起来很好，似乎只要我们做到足够自律，所有与拖延相关的问题都会得以解决。问题是，意志力和纪律是一种有限的资源，当可以应用到任务的意志力消耗殆尽后，我们的大脑想休息一下，玩一玩。了解到这一点后，你可以将最棘手和最重要的任务安排到专注力最集中的时段。对我来说，我的专注力焦点是早上的第一件事，所以我把最难的任务安排在早上，把耗能低的任务安排在下午。如果我先完成我最喜欢的简单任务，那么在精力不足的下午努力运用自律完成棘手的任务就会显得力不从心。

设置时间段。我发现设置时间段确实有助于我集中精力。如果我有一段时间可以用来写这样一本书，我只会在这段时间里写这本书。如果你为某个项目、任务或目的设置了半小时或一小时的集中时间段，那么在这段时间内保持专注力会更容易。

我仍然在使用一些有趣的媒体，但当我看最喜欢的电视节目或浏览一些 YouTube 视频时，我设定了时间段。而且，是的，我偶尔也会看一些关于猫的有趣视频。它们真得很可爱……

练习：分心日记

减少分心的一个好方法是写一本分心日记。拿出“停止浪费时间”的笔记本，翻到崭新的一页，写下“分心日记”这个标题，并写下今天的日期。当你在任何时候决定培养专注力，都可以用这种方式。

把分心日记放在手边，每次无法完成为自己设定的任务时都记录下来，这包括：转而做别的任务或分散你注意力的通知等。此日志将显示对你来说最严重的干扰是什么，这样你就可以通过使用正在学习的策略来将这些干扰降到最低。写分心日记是为了防止偏离任务，否则谁会写一长串的分心事项呢？

当我指导客户时，我让他们写的分心日记会成为我的诊断工具。正如医生通过生命体征来确定患者的整体健康状况和问题，我使用客户的分心日记来确定影响客户效能提高的问题。你也可以这样做。先从在笔记本上做记录开始，然后可以考虑使用诸如 Toggl 或 RescueTime 的应用程序。

担心

正如我们之前所讨论过的，我们中的许多人浪费了大量的精力和时间杞人忧天。如果我不能及时完成呢？我做得对吗？如果今天有小行星撞击地球呢？我们可能会在一周内担心上百件事，但你猜怎么着？我们担心的大多数事情都不会发生。这是因为我们的担忧很少集中在现在或现实的结果上，忧虑通常会把我们投射到未来，在那里我们想象假设的问题，担心最糟糕的情形。

我的一个客户最近不得不和一些员工谈论他们的工作质量低下的问题，他非常担心谈话会变成一场大爆炸，也担心潜在的冲突。我帮助客户制订了与员工交谈的最佳方式、措辞的选择以及如何解决问题，我还让他们制订了万一谈崩了的应急方案。等到下次我再见到他时，他告诉我谈话进行得很顺利，工作人员认同他们的工作质量确实一直在下滑，并承诺会做得更好。因此，担忧非常浪费精力，但对最坏的情况做好完全准备有助于缓解忧虑。

为了证明担忧确实是无意义的，我想让你试试这个：回想一年前的今天，你还记得那天你担心什么吗？除非是爱人在医院，或者发生了其他重大事件，否则一年后你可能根本记不起自己忧虑过的事情，当然五年后你就更不会记得今天担心什么了。

一百年后，你所有的烦恼都会烟消云散。随着时间的推移，我们之前的担忧变得不那么重要了，所以为什么不放手丢开这些烦恼呢？下一个练习将在这方面帮助到你。

如果你担心记不住清单上没有的任务，那么你既然有了一套系统，就会很容易地记住一些任务和想法。随身携带简单笔记本就足够了，也可以在智能手机上做笔记或添加任务。这些事情不需要存在脑海里，放到一个可以处理它们的系统中。

练习：担心日记

像上一个分心日记一样，打开“停止浪费时间”笔记本，翻到新的一页，写下“担心日记”这一标题。

把笔记本放在手边，每次你担忧的时候就记录下来。你担心财务吗？担心不能按时完成任务吗？担心别人对你的看法？用“我担心……”或者“我很害怕”这样的句式。对于每个担忧，记录下其发生时间，以及给你带来的压力水平，从1（低）到5（高）。

设定一个任务，在一个月内再回看担心日记。查看你在担心日记中列出的项目，并突出显示所有从未发生过的那些项目。你很快就会发现，几乎所有的担心，可能95%，只是浪费了注意力和精力，因为你担心的大部分问题都没有出现。

放松大脑

每周工作60或80小时及以上的人不明白这会给自己

的身心会带来多大的摧残。的确，在某些工作场所，这种过度工作是很常见的，甚至被鼓励。许多人自豪地宣称他们是“工作狂”，误以为这是个好标签。但像其他成瘾者一样，他们需要干预治疗和一个“12 步计划”。如果你是一个“工作狂”的话，我建议你寻求专业的帮助。不过，我们大多数人通常不会工作这么长时间，但我们仍然需要让大脑休息一下。

如果你不主动地让大脑定期休息，大脑会自己决定去度假，把你抛在脑后，因此大脑在你需要的时候却不能很好地运转。我们一天的脑力和注意力就那么多，只有那么多。重要的是，一天中要有短暂的休息，以保持大脑的活力，晚上和周末休息以及时补充能量。把这想象成一场马拉松比赛，你不可能刚越过终点线，然后立即开始跑第二轮，你需要恢复时间。

以下是我在一天和一周内让大脑获得休息和恢复的一些技巧。

◇ 我工作 30 分钟（用计时器），然后每 30 分钟休息 5

分钟。

◇ 完成上个任务后，我关闭所有的计算机窗口、浏览器选项卡和程序。目的是在每个项目或任务之间“重置”自己。我深吸一口气，把注意力从原来的任务完全转移到新的任务上。

◇ 中午我会放松。午餐后，我会快步走20分钟，最好是在户外。

◇ 我按时回家。回家后就不再想工作，也不把工作带回家。

◇ 我选择与工作完全无关的爱好。因为我整天都在电脑前工作，所以我的爱好包括：创作浮木艺术、圆盘高尔夫、观星、吹美洲土著长笛、羽毛球和徒步旅行。这些都是有趣的、能充分调动身体的爱好，让我的大脑在工作之余获得充分的休息，并让我的眼睛从电脑屏幕上挪开。

◇ 我会出去度假。

◇ 我生活中有一些日子会完全摆脱电脑或网络。

所有这些都能让我的大脑获得休息，变得神清气爽。当我周末双休甚至哪怕只休一天，回来工作时，我也会感到精力充沛。

要实施我的这套系统，请尝试以下操作：

1. 使用计时器，每工作30分钟休息5分钟。

2. 每完成一项任务后，关闭电脑上所有不需要的程序和选项卡，或者将不再需要的物件放在一边，在进行下一项任务之前重新设置自己。

3. 午餐时间好好休息，然后步行20分钟。

4. 工作结束后回家，不要在晚上和周末工作。

5. 培养自己感兴趣的爱好。

6. 安排休假，和伴侣约会，或者去“冒险”。

7. 每周有一天成为低技术日，少用电子产品。

调查估计，高达50%的美国人没有把所有的假期都安排好。CNN的一份报告称，美国人在2017年放弃了7.05亿个假期。别犯这个错误。利用你的假期来创造美妙的体验，建立终身记忆，给自己的大脑充电。

第三周：行动计划

从第二周开始，在结束一天的工作之前你都在创建自己的上层结构。干得好！每天在笔记本、应用程序或软件中继续执行此项操作。记住：把待办事项清单看作一个需要持续关注的活文件。

本周，你开始写分心日记和担心日记。在一周的时间里，通过这种方式，让自己清楚是什么阻碍了你去做需要做的事情，这样你就可以通过本章中的策略来消除这些干扰。

对于待办事项列表中的每一项，用计时器确保每项任务都有分配的时间。如果被打断，请暂停计时器，同时在分心日记中记下什么事情打断了你。倒计时结束后，在开始下一项任务之前，让大脑短暂地休息一下。

此外，使用本章提供的策略，通过将“食人任务”进行分解，然后安排到待办事项列表中，这样它们就不会继续占用你的时间。本周，也要确保安排时间进行放松娱乐，以便充分发挥创造力，一步一个脚印地实现个人理想和职业目标。

本章小结

你学到了

◇ 时间比金钱更有价值。

◇ 每天你需要消灭或减少许多“时间小偷”。

◇ 担心耗尽了能量，但不能带来任何益处。

◇ 意志力和自律都是有限的资源，必须从战略角度合理加以利用。

你学会了如何

◇ 识别干扰，减少干扰。

◇ 记下自己的担心，学会如何放手。

◇ 利用注意力高峰时段完成优先级最高和最棘手的任务。

◇ 让大脑休息一下，以便神清气爽地处理需要完成的任务。

CHAPTER 5

第五章

第四周：
高效利用大脑

第五章
第四周：高效利用大脑

注意力难以集中也是人类进化的结果，我们的大脑能够迅速地将注意力从一件事转移到另一件事上。远古时期我们的祖先生活在危险的环境中，那些具备时刻监测周围环境是否存在威胁能力的人们存活下来并繁衍后代——也就是我们，而警惕性差的则被淘汰。因此在某种程度上，优胜劣汰法则中被自然选择的是那些不能长时间专注于一件事的人。因此，这种对环境的持续监控是我们人类所固有的。我们的祖先就是在不断地评估他们的生存环境的过程中幸存下来的。

快速而频繁地转移注意力的能力是我们祖先拥有的一个很好的品质，但这在现代社会却没有多大益处，因为我们大多数人不会处于身体持续受到威胁的环境；相反，许多任务需要我们保持长时间的专注力。幸运的是，我们的祖先也需要集中注意力。悄悄跟踪猎物，然后等待合适的时机发起攻击，或者用石头一点点地制作工具，这些都需要专注力和技巧。

因此，这种集中注意力的能力也被植入了我们的大脑，虽然不像转移注意力和监控环境那样占主导地位，但这并不意味着我们不能有效利用专注力。让我们来看一些我们可以利用大脑技能来提高专注力的方法。

一次只能做一件事

单一任务（再次强调）

你的大脑异乎寻常的强大。是的，你的大脑。我不是说一般的人脑，我说的是你的大脑——就是装在你脑袋里的那个。现在，你可能在想，如果我的大脑真的如此强大，为什么我不能把事情做好呢？为什么我在需要集中注意力的时候很难做到？

第五章
第四周：高效利用大脑

原因之一就是我们没有有效地利用大脑，使大脑陷入了瘫痪状态。我们不是全神贯注于手头的任务，而是一次处理多个任务，同时被电子邮件、电视和电子产品等干扰所包围，所有这些都在争夺我们关键的精神能量。大脑被各种无关的任务和信息弄得乱七八糟，就像一只翅膀被剪断的鸟，不能全速飞行。一次处理多个任务“剪断”了大脑完全专注一个任务的能力，后果是大脑的真正潜能仅有一小部分被挖掘。

一次处理多个任务的能力本身就是一个神话，它不是我们的大脑所能实现的。“多任务”一词最初应用于同时处理多个程序的计算机，而不是适用于人类工作方式的术语。计算机不会思考，也不会分心，它们有多个核心“大脑”，允许它们进行多任务处理。科学研究表明，人类的大脑不能像多核计算机那样真正地进行多任务处理。相反，当我们进行多任务处理时，我们将爆发的微小焦点放在一个任务上，然后快速地跳到下一个任务上。所以，这根本不是多任务处理。这更像是连续的单一任务。我们的大脑一次只能专注于一件事。当我们尝试多重任务时，这些微小焦点的爆发并不具备持久力，无法完成复杂的任务。

通过学习停止多任务处理和接受激光聚焦的单一任务，我们给大脑一个翱翔的机会。下面是从多任务到单任务转换的一些关键步骤。

1. **制订计划**。到目前为止，你已经为接下来的一天创建了几个行动计划。我请你完成这些练习不是偶然的。通过为第二天制订一个行动计划，并按照优先级安排任务，你已经有了一个分步计划，不需要花费时间和精力来决定要做什么，因为你已经提前一天计划好了，并且可以专注于第一个任务。

2. **减少干扰**。我们已经讨论了常见的干扰以及如何将其最小化。确保你每天都应用这些技巧。如果你身处一个充满了干扰的繁忙办公环境中，试着关上门或戴上耳机。另一种选择是建立一个每日的“能量小时”——一天一个小时，全神贯注而不分心。如果你在工作中做不到，可以考虑在咖啡店或图书馆尝试“能量一小时”。你会惊讶于你能在一个小时内不间断地专注所取得的成果。

3. **一次只完成一项任务**。如果你已经制订了行动计划，并且尽可能地减少了干扰，那么只需在时间段中选择优先级最高的任务，努力完成它，然后转到下一个任务。

专注力计时器

我工作时会不间断地使用专注力计时器。专注力计时器是一个倒计时计时器，用于确保在规定的时间内完成任务或项目。我用的是手机附带的倒计时计时器，你也可以在相关网站下载倒计时应用程序，或用便宜的厨房计时器。其中任何一个都可以，但必须允许设置不同的时间，并在倒计时完成时发出提醒。

如前所述，我工作 30 分钟后休息 5 分钟，这是波莫多罗法的变体（见第 68 页）。下面是我如何从一个项目 / 任务转移到下一个项目 / 任务：

1. **关闭旧项目**。我关闭所有与旧项目相关的程序、选项卡、应用程序、电子邮件等。

2. **选择下一个优先级任务**。处理这个时间段内行动计划中下一项优先级最高的任务。

3. **深呼吸**。我连做三次深呼吸，这有助于我集中精力，在大脑中清空旧项目，为下一个项目做好准备。

4. **设置专注力计时器**。我将专注力计时器设置为 30 分钟倒计时，然后开始计时。

5. **全神贯注地工作**。我全神贯注地工作了整整 30 分钟。如果我因某种原因被打断，我会暂停专注力计时器，然后在中断结束后再次启动它。这样，我可以确保在每个项目或任务中投入 30 分钟的时间。

6. **任务完成**。如果任务在 30 分钟内完成，我会将剩下的时间转到下一项任务中，依此类推。我经常会在 30 分钟内完成多项任务。

7. **计时器结束**。当提示音响起时，我关闭计时器，并在我的任务管理系统中添加注释，写明此任务处理到哪一步了，这样下次我再处理此任务时，可以确切地知道从何处开始。

8. **重复以上步骤**。然后我在下一个时间段或处理下一项任务时重复这个过程。

批量处理任务和时间段

当你以批量方式工作时，效率会更高。我的意思是：想象一下，回复一封电子邮件，然后回一个电话，然后花 5 分钟写一份报告，然后跳到另一封电子邮件，然后重复这个过程。这种分散的方法和跳跃永远不会让你全神贯注于任何事情，而且用这种方式，你的报告将永远也写不完。

相反，规划你的日程安排，让每种类型的任务都有自己的"大块"时间，在这段时间里，你只需关注该项任务。所以在刚才给出的例子中，你可以先处理 30 分钟的电子邮件，然后 30 分钟的时间用来做计划，接下来的一小时用来写报告，然后花半小时的时间回电话，而不是从电子邮件到电话再到报告。

这种方法可以让你做到在工作中更投入，特别是对于那些需要更多脑力的领域，比如计划和写作。批量处理还可以缩短完成新任务所需的时间。例如，如果已经开始回复邮件了，可能会收到一些不同的邮件，但主题是相同的，这样你的思想已经集中在这个主题上了。

当你开启一项新任务时，你需要一段时间才能完全投入其中。你需要决定其解决方案、最佳完成路径，等等。把任务想象成一个生产新产品的工厂，初始阶段需要时间投入，但一旦启动阶段完成，产品会被快速地生产出来。批量处理许多相似的任务也是同理，因为这些任务都有同一个初始设置时间。当你处理许多类似的小任务时，这一功能尤为强大。

以下是一些通过批量处理更容易完成的常见任务：

◇ 电子邮件。

◇ 接打电话。

◇ 跑腿（省去多次外出）。

◇ 委派任务。

◇ 整理文件。

◇ 审查求职申请。

◇ 阅读。

◇ 规划。

◇ 培训和学习。

通过设置主题化的时间段来将批量任务移入，可使本概念更进一步。在我的例子中，我的主题时间段包括：

◇ 市场营销。

◇ 产品开发。

◇ 内容开发——博客文章、YouTube 视频、信息图表。

◇ 车间开发。

◇ 客户项目。

◇ 行政管理。

◇ 个人发展——学习新技能和磨炼现有技能。

通过对工作进行大致归类，我可以确保每周在每个大类上花足够的时间。例如，我有一个客户的工作陷入了泥潭，无法开发新产品。他的工作进度远远落后于预定的产品面世时间。

我帮助他在早上的头两个小时里只做与新产品相关的工作，然后在一天剩余的时间做其他工作。我让他保证与新产品相关的时间不受干扰，告诉员工他们只能在上午 11:00

之后才能联系他。在这每天两个小时内，他持续保持专注力用于新产品开发，最终在截止日期前完成了任务。他还发现虽然自己为某些任务预留了时间段，但其他日常工作仍然可以及时完成。

这是因为如果不控制任务完成时间，任务将膨胀，直至填满所有的时间，最终在该任务上投入的时间与其重要性不成比例。

这些技巧的另一个好处是，通过在不同类型的任务之间移动，你的大脑比整天都在做相同的任务时更投入。这对于减少长期专注于一件事时经常出现的疲劳有很大的帮助。我不会坐下来一直写这本书，而是每天花一块时间专门用于写作。这样，我就不会感到厌倦，有更多的时间进行调研，同时融入与客户合作所激发的灵感。

冥想：呼吸意识

当你周围有太多事情需要你关注时，你怎么才能做到全神贯注呢？你可以先从学习专注呼吸开始。你最后一次关注呼吸是什么时候？除非你或你的爱人有呼吸系统问题，否则你可能永远不会去想它。但当你不能呼吸时，其他一切都无关紧要。当看到父亲多年饱受肺气肿之苦，最后去世后，我再也不认为呼吸是理所当然的。

你观察过婴儿睡觉吗？当健康的婴儿吸气时，他们的肚子就会膨胀。婴儿从腹部呼吸，我们成年人也应该用腹部呼吸。但是当我们处于压力之下时，我们不是由腹部，而是倾向于从胸部呼吸。从胸部呼吸会使我们的颈部和肩部肌肉做更多的工作，产生颈部和肩部的紧张感，这会进一步干扰我们的注意力。

关注自己的呼吸以及明白呼吸是从腹部而不是胸部进行将对于提高专注力产生巨大的影响。当我准备站在舞台上发言时，我做了几次深呼吸，用腹部呼吸，以帮助我放松，理清思路，凝聚注意力。我也在项目转换之间也会做三次深呼吸，以清空旧任务，专注于下一个。

下面是一个冥想练习，可以帮助你更加了解自己的呼吸。你可以对着镜子做，这样就能清楚地看到：当你吸气时，是肚子而不是胸部在膨胀。

1. 站立。双手松弛地垂在身体两侧。保持放松的姿势。

2. 用鼻子吸气，慢慢数到四。吸气时腹部充分伸展。尽量不要想任何事情，只关注自己的吸气。

3. 轻轻地鼓起你的嘴唇，通过嘴呼气，慢慢数到四。

4. 重复10次，只关注自己的呼吸。

通过这种专注于呼吸的冥想，你现在完全专注于一件事（你的呼吸），不去想分散你注意力的其他事情。当你全神贯注于一件事（呼吸）时，将注意力放到单一任务而不是多任务上会更容易。

冥想：开放意识

冥想有很多种形式，包括有意识冥想和开放意识。与之前练习的专注于呼吸的冥想不同，开放意识使你进入一种放松的意识状态，而不需要特定的专注力。想象自己此时此刻坐在广袤的草原上，头顶上是广阔的天空，就像使用“广角镜头”观察一样。

不要试图去判断、思考或分析这些经历，只需让它发生并在你的意识中流动。我知道这听起来很奇怪，因为本章都是关于专注力的，但是在冥想中放松注意力会给你的大脑一个放松和重置的机会，这会增加以后集中注意力的能力。首先，这里有一个简单的练习，通过观察天空来尝试开放意识冥想。

1. 出去找一个不受干扰的地方。关闭手机上的通知并将手机收起来。

2. 舒服地站着或坐着。做几次深呼吸来释放紧张，平静心灵，然后自然呼吸。不要判断你的呼吸或身体感觉，让它们处于自然状态。

3. 用柔和的目光仰望广阔的天空。你的思想就像天空一样广阔而辽远。只需观察天空而不将注意力集中于任何一点。不要贴任何标签，也不加评判地接纳。换句话说，做一个被动的观察者。

4. 当思想进入你的头脑，让它们像云朵一样飘走。就像天空中的云一样，思想来了，穿过你的意识，然后离开你的意识领域。就像天空不需要对云做任何事情一样，你的大脑也不需要做任何思考。

5. 让声音和景象环绕着你，而不把你的注意力集中在其中。继续被动地观察你的感受、思想和所见。

6. 大约10分钟后，深呼吸几次，然后继续下一项任务。

你可以在任何地方练习开放意识，不必一定在广阔的天空下进行。通过变得更加开放和关注到你的周围环境和感觉，而不给它们分配任何想法或判断，你正在净化自己的思想，这让你能够更充分地专注于下一个任务。开放的意识也有助于你的脑力开始活跃。把这种冥想想象成是大脑的“电脑重置按钮”，清除所有混乱的精神，在你的工作大脑中腾出空间，以获得更集中的注意力和更高效的思维。

关注自己身体的感受

我们的身体状态如何影响专注力？你有没有治疗剧烈的牙痛或头痛的经历？你在一夜未眠或流感发作后，有多少次在工作中拖拖拉拉？你在肚子咕噜直叫的时候完成过什么？在这些事件中集中注意力有多困难？很可能你的回答是："根本无法专注！"这是因为我们的专注能力与我们身体的感觉和节奏紧密相连。当我们的身体受到折磨时，我们所做的一切都会受到折磨。

疼痛、饥饿、疲劳和健康状况不佳都会影响我们集中注意力的能力。因此，我们需要解决这些问题或采取措施避免这些问题。如果我们不能专注到深层次的工作中去，我们就会只做简单的任务，拖延棘手和复杂的工作。下面这些减弱专注力的因素都有可能导致你的拖延倾向。

睡眠

讨论身体状态，让我们先从谈睡眠开始。成人每晚需要

7~9个小时才能休息充分。如果我们没有得到充分的休息，我们的大脑就无法发挥其全部潜能。如果你晚上睡眠质量不佳，这里有一些建议可以帮助改善睡眠。

早点关灯睡觉。在长期进化过程中，我们的生物钟是：光亮时大脑处于活跃阶段；黑暗时大脑处于睡觉和休息阶段。随着电灯的发明，我们现在入睡的时间比我们的祖先晚，而且常常睡眠不足，而光会触发我们的身体在稍后保持清醒。所以晚上早点把灯调暗，如果可能的话，房间的灯用暗色调。

限制使用电子产品的时间。电视、平板电脑和智能手机都有明亮的屏幕，它们发出的蓝光已经证明会阻碍我们进入正常的睡眠周期。为了解决这个问题，在睡前一到两个小时停止观看或使用任何电子产品，包括电视、电脑、平板电脑或智能手机。如果做不到，至少调低屏幕的亮度。有些应用程序可以在晚上调暗电脑和智能手机的屏幕。我喜欢在睡觉前阅读，所以我使用一个电子墨水屏幕（类似于 Kindle 的那种），它有一个调节亮度选项，我晚上会把屏幕调低到适合电子书阅读的亮度。

检查床垫和枕头的舒适度。你的床垫和枕头舒服吗？让我吃惊的是，虽然我们一生在床上的时间很多，可人们通常更愿意花钱买舒适的沙发，而不是更好的床。虽然我天生节俭，但我还是很乐意花更多的钱在床上、枕头上和床罩上，这样可以帮助我更好地入睡。如果你的床垫或枕头不舒服，要考虑更换。

营造舒适的睡眠温度。如果周遭太冷或太热，几乎不可能入睡。如果你感觉很热的话，把多余的钱花在卧室的空调上是值得的；如果你感觉很冷的话，把钱花在更好的床上用品、被子或电热毯上是值得的。确保为自己创造一个舒适的睡眠温度。你也可以通过选择睡衣来控制温度。把性感的睡衣留到特殊的场合，睡衣的选择标准是舒适、适合室温、不能太厚重，以免让自己感到压抑。

睡前避免吃东西和喝酒。大量的酒精已经被证明会对睡眠产生负面影响，并可能导致你在晚上多次去洗手间。深夜吃东西会加重消化系统的负担，同样会影响睡眠质量。

如果这些建议都不能帮助你获得更好的睡眠，考虑去睡眠诊所。睡眠诊所会检查你是否存在任何可能影响睡眠的问题。你也可以和医生多交流，听取他们的意见。只有当你获得充分的休息时，你的专注力才会提升。

饮食

食物就是燃料！人类需要大量的燃料和合适的燃料，才能使我们的大脑发挥最大的效能。我们的大脑比其他器官消耗更多的能量。事实上，它消耗人体所需总能量的 20%。为了让我们的大脑高效运转，我们需要良好的燃料。什么是大脑的“好”燃料，我们如何确保我们得到好的食物？以下是一些有助于大脑提高工作效率的食物。

◇ 牛油果。

◇ 蓝莓。

◇ 花椰菜。

◇ 鸡蛋。

◇ 种子及坚果类。

◇ 橙子和其他富含维生素 C 的食物。

◇ 南瓜。

◇ 鳟鱼和沙丁鱼。

◇ 姜黄。

◇ 野生鲑鱼。

除了尽可能摄入对我们的大脑有营养的食物，我们还需要警惕那些对大脑可能会造成损坏的食物。

◇ 酒精（过量）。

◇ 阿斯巴甜。

◇ 高加工食品。

◇ 含糖饮料，如汽水、运动饮料、能量饮料和果汁。

咖啡因呢？研究表明，适量的咖啡因，就像你从茶中摄取的一样，是非常好的，确实能让你提神。但是每天喝咖啡超过了适度的量，傍晚时分你会感到崩溃。我曾经嗜咖啡如命，每天轻松喝掉一大壶。大约下午 3 点，我会有剧烈的“咖啡因崩溃”，没有精力做任何事情。所以现在我只在早上喝咖啡，而且仅限两杯。我建议你每天坚持喝一两杯咖啡或茶。有些类型的咖啡比其他类型的咖啡含有更多的咖啡因，检查包装上列出的咖啡因含量。

请注意，功能饮料的咖啡因含量是咖啡的8倍。即使一杯功能饮料，每天也可能超过推荐的咖啡因上限。这些饮料可能是危险的，并且与焦虑、头痛、偏头痛、失眠、高血压和心脏病发作有关。我建议你不要喝功能饮料，如果一定要喝，每天仅限一杯。

运动

你的身体需要活动！不能整天在电脑前工作，或晚上坐在沙发上看电视。这些道理想来你也都明白，尽管如此，在完成了一天的任务清单之后，你可能还是想跳过这个练习。我曾经也这样。

我以前和哥哥及一些朋友在当地的一个体育馆里每周安排一场晚上进行羽毛球比赛。有些晚上，工作了一天后我感到心力交瘁，实在没有精力去玩。但我不想让我的朋友失望（我是个对朋友很有责任感的人），所以我会硬撑着去玩。一旦我投入到游戏当中，我发现自己真的很喜欢，庆幸自己没放弃。最后，我虽然觉得身体很累，但我能感受到自己的身体真的很喜欢这种活动，大脑也比之前更清醒了。

如果你需要一个停止拖延和开始运动的理由，考虑一下运动对大脑和专注能力的好处。

更多的氧气：在运动中，心率会加快，向大脑输送更多的氧气。氧气对大脑的生长和愈合至关重要，大脑消耗的氧气大约是肌肉消耗的 3 倍。我父亲因患有肺气肿而导致大脑缺氧，看着他与痴呆症做斗争，我真正的明白了保持大脑稳定供氧量是多么重要。

激素和神经递质：在运动中，你的身体会释放激素和包括神经递质的其他化学物质，帮助大脑更好地工作，以促进大脑活动和改善情绪。

更好的记忆力：每周 120 分钟的适度运动，已被证明可以提高记忆力。

唤醒大脑：运动可以唤醒大脑。身体的活跃，会带动大脑活跃起来处理额外的工作。这就是为什么午餐时间的散步对于下午集中注意力很有帮助。

为了提高你的专注力（也让身体快乐起来），把一些锻炼安排到你的日常生活中，可以是早上锻炼，午餐时段散步，晚上游泳，或者进行其他体育活动。一天中定时进行伸展运动也有用。

如果你认为自己缺乏自律，无法开始和维持锻炼计划，你可以尝试：

◇ 与朋友一起锻炼，互相监督。

◇ 报名参加健身课程。

◇ 聘请私人教练。

◇ 加入运动队。

当你开始一个新的锻炼项目时，放轻松，尤其是当你长期不运动时，过度的体力活动会损伤身体。如果你本来就身体不适或有健康问题，在开始运动计划或进行运动前请咨询医生。

练习：关注自己身体的感受

拿出“停止浪费时间”的笔记本，翻到新的一页，写下“我现在的身体感受”这一标题。

现在站起来，慢慢地、有意地反复伸展自己的胳膊和腿。感受肌肉的相互作用和每次伸展的感觉。注意，在我要求你伸展身体之前，你可能没有真正关注过自己的身体。这种身体检查很重要。

闭上眼睛，感受身体的每一部分。将注意力集中在一只手臂的肩膀上，然后向下移动到上臂、前臂、手腕和手指上。然后移到你的另一只手臂、腿，向上穿过你的躯干，直到你的脖子和头。慢慢地让意念移动到身体的每个部位。

在笔记本里，写下你学到的东西和你的感受。如果有疼痛，在哪里？你觉得饿还是累？你的心情怎么样？这是你的身体正在与你分享的所有重要信息。当你满足你身体的需要时，你会发现自己的专注力会提高。

红色警报

在《星际迷航》这样的科幻作品中，在紧急情况下，船长会喊：红色警报！呼叫机组人员到他们的战斗站。这时会亮起闪烁的红灯并响起警报，以确保每个人都知道有一个严重的问题出现，需要立即关注。

我们大多数人的口袋或钱包里都有自己的红色警报装置。当我们收到新的文本、电子邮件、社交媒体帖子和消息时，我们的手机会不断发出警报。是的，有些人甚至使用《星际迷航》的警报声作为提示音。但这些真的是红色警报、紧急情况吗？我们是否需要放弃所有正在做的事情来查看警报通知，从而失去对手头任务的关注？除非你是随叫随到的医生或志愿消防员，否则很可能这些通知的优先级很低，不值得处于红色警戒状态。那么，我们如何将关键通知与日常消息区分开呢？

电子邮件警报

让我们面对现实吧。你绝大多数的电子邮件都没那么重要。时事通讯、不重要的信息、朋友最新的博客帖子、笑话，甚至来自客户和其他人的问题，并不是你应该关注的最紧迫的任务。

我完全关闭电子邮件通知。我不允许这些提醒打扰我，而是定期在预设时间查看电子邮件。对我来说，一天两次足矣，如果你觉得有必要，每小时一次也可以。关闭通知，我不会被时事通讯或垃圾邮件骚扰。因为我会定期检查和回复我的电子邮件，所以我的所有电子邮件在一个工作日内都会得到回复，客户们都获得了关注，他们甚至不会注意到我只是定期检查邮件。

关闭电子邮件警报，留出一段时间检查电子邮件，然后根据需要对其进行排序或回复。

日历警报

日历提醒在我看来是很有用的。很多事情，如客户辅导课程、医生预约和我想参加的活动，我都设定了特定日历警报，因为这些事情都与特定时间点相关，所以需要提醒。我将通知设置为比活动提前一段合理的时间——提前10分钟准备网络会议，或提前45分钟安排需要前往的约会。

对于某一天到期的任务，我不设提醒。如果那天我有10个任务，我会在日历上另外添加10个通知。我只是每天查看我的任务列表，找到当天的所有任务然后进行处理。

对于与特定时间点相关的约会，设置日历通知。

其他软件和媒体警报

软件运营商和手机应用程序的研发人员都希望他们的通知对我们来说是最重要的事情。脸书和其他社交媒体应用程序、天气预报应用程序、游戏应用程序等，如不加限制，会发送大量通知。所有这些几乎都达不到红色警报级别，不值得你中断注意力去关注它们。学会关闭手机上的这些通知，并在一天中安排固定的时间查看脸书，了解新的更新内容。

关闭软件和应用程序的警报和通知，然后在一天中预留出时段检查和了解正在发生的讯息。

第四周：行动计划

正如你现在每天所做的，在笔记本、应用程序或软件中创建明天的日程安排。开始将相似类别的任务批量处理，以便在同一时间段内完成类似的任务。了解身体的需求会如何影响你的专注力和感知健康的能力，及时安排冥想、锻炼和适当的营养。此外，尽最大努力减少电子产品的干扰。记住所有这些，明天的待办事项列表可能如下所示：

◇ 规划。

◇ 关闭手机上的所有通知。

◇ 关闭电子邮件警报。

◇ 设置日历警报，提醒晚上 8:00 关闭电脑屏幕。

◇ 每天开始和 / 或结束时安排 10 分钟的冥想。

◇ 午餐时段安排 20 分钟的散步。

◇ 精神 / 身体

◇ 购买新床垫。

◇ 评估现有床上用品和睡衣的舒适度和温度控制。

◇ 工作项目。

- 任务 1。
- 任务 2。
- 任务 3。

◇ 个人项目。

- 任务 1。
- 任务 2。
- 任务 3。

本章小结

你学到了

◇ 我们的大脑不是为同时处理多项任务而生的。

◇ 多任务工作会削弱专注力，降低效率。

◇ 批量处理任务比零散处理任务更有效。

◇ 身体状态影响精神的专注力。

◇ 不必要的通知就像虚假的红色警报，会破坏我们的专注力。

你学会了如何

◇ 通过充足的睡眠、饮食和运动来提高专注力。

◇ 减少通知干扰。

◇ 进行单一任务处理，提高专注力。

◇ 批量处理任务以提高工作效率。

◇ 关注并满足身体的需求。

CHAPTER 6

第六章

第五周：
形成完整的动机链条

第六章

第五周：形成完整的动机链条

我的许多客户都满腔热忱地接受我教给他们的新工具和技巧，但却无法长期坚持使用这些工具和技巧。即使当他们告诉我这些新技巧对他们完成工作的能力有重大影响时，仍然无法阻挡他们回归旧习惯的趋势。任何一个试图节食或戒烟的人，都明白改变多年来养成的习惯有多困难。

寻求个人改变的第一步是找到做出改变的原因。通常，动机与试图达到的结果息息相关。不妨问问自己：我想要达到什么样的结果？通过更深入地了解你不想在某件事情上拖延的原因，你可以找到成功的动机。

假设你一直在推迟吉他课程，但真的想学弹吉他。你期望的结果是什么？为孩子们写歌？在舞台上表演？演奏简单的歌曲？通过想象一个强有力的结果、一个你所热衷的结果，你将时间投入到任务中的动机会增加。接下来要做的是预留一个定期的时间段，访问学习资源，并投入时间。记住一句老话：“缓慢而稳定地赢得比赛。”专注是学习新事物、完成项目和做出有意义的改变的秘诀。

找到一件“小而确切”的事情

维持动机

在某些时候，你的工作可能会一筹莫展，你因而松懈下来，并为自己的状态而感到沮丧。你弹吉他、写书、打扫车库、完成报告或学习其他语言的梦想化为泡影。然而，通过牢牢记住结果，你会不断地想起是什么在推动这一行动。你想打扫车库的原因是什么？因为你可以把车放在里面，不会让车整个冬天都停在外面的雪地里？想象一下，在一场暴风雪中，你的汽车安然无恙地停在干净的车库里，你就有了完成这项工作的强大动力。

这时你可能在转动着眼球想：当然，如果这是我个人兴趣之所在或让家更好，没问题，这种方法会奏效。但问题是，当我不得不做一些无聊的事情，比如我在工作时，我会拖延时间。

好，接下来的问题就是：当你面对一项无聊的任务或一份不感兴趣的工作时，你如何维持动机呢？以下是一些维持动机的方法，即使你在做一些不情愿做的事情，也不会让你觉得无聊到流泪。

记住自己工作的原因。假如你对自己的工作不感兴趣，就要学会寻找快乐，因为你的工作让你照顾自己和家人，并为你的爱好和旅行提供资金。没有工作，你就不会拥有这些（重新阅读第 41~42 页的练习）。

找些小乐趣。在工作中，在你完成无聊的、没有动力的工作后，找一些你喜欢的小物件，把它们当作对自己的奖励。在家里，清理一个满是脏盘子的水池可能是听自己最喜欢的音乐的机会。

奖励自己（游戏化）。如果你有一项非常无聊的任务要完成，那就拿出你自己的奖励系统，把提高效能变成一个游戏。这可以很简单，完成一项任务后奖励自己一颗金色小星星；或者在完成任务后，购买一些奢侈品来犒劳自己。把这当作一个游戏来完成，尽可能多地完成任务和收集金色小星星。如果你愿意的话，你可以把这些金色小星星和真正的奖励联系起来。

假装自己成功了。奇怪的是，研究证明，通过微笑来假装快乐实际上会让人真的快乐起来。不知怎的，我们的身体和大脑会被欺骗，与之相伴，我们的心情会变得更快乐。同样，在动机成为你的一部分之前，要假装自己已经有动机了。

把枯燥的工作当作跳板。如果你不喜欢自己目前的工作，那就把它当作事业下一阶段的跳板吧，相信它会把你变得很特别，这样你以后就可以“升级”了。你在现有工作中磨炼的技能可能是至关重要的，因为你的职业发展和责任增加了。你也可以参加课程或网络课程，帮助你走向一个你更热衷的事业。

价值在任务中的映射

将任务的重要性与价值观联系起来，可以激励你停止拖延。所以，想想一项长期的任务，一项对你很重要但你一直拖延着去做的任务。在“停止浪费时间”的笔记本里，用任务的名字给一个新的页面命名。在任务下，以项目符号形式列出任务及其对应的价值。为什么它对你很重要？价值不是可实现的一个具体目标，它是用来激励你的！因为这是你想要的生活。任务可以是任何你拖延的事情，但这里有两个与价值观和目标相关的例子。

例 1

任务：开始健身计划

价值观：

◇ 有能量。

◇ 照顾我的家人。

◇ 参加我喜欢的活动。

◇ 保持身体健康，随着年龄的增长保持活力。

例 2

任务：建立每月 200 美元的定期储蓄计划

目标：

◇ 日常采购要节俭。

◇ 有应急储备金。

◇ 有为假期和特殊经历所专门开立的储蓄账户。

既然你已经有了一项你一直拖延的任务，并且已经检查了它与自身价值观的一致性，那么第一步就是确保尽快安排任务，并预留出一个时间段。

拆分任务

有时，一个大型任务或项目看上去太大，感觉无法承担，所以我们把这个大的项目推迟到将来某个不确定的时间，幻想着到时我们可能会有更多的时间来处理它。例如，假设你有一个开发新产品的想法，需要 160 小时（每周 40 小时，为期 4 周）对它进行细化与完善。问题是，你不太可能有这么大一块空闲时间（一个月），专门承担如此大规模的项目，毕竟平时还有其他日常工作要处理。完成这样一个大型项目的唯一方法是：将它细分为更小的板块。在开始阶段要做的工作如下所示：

1. **概念：** 撰写关于新产品概念的文案。

2. **市场调查：** 做一些初步调查，看看是否有市场需求。

3. **开发计划：** 整合开发计划，创建产品。

4. **营销计划：** 制订营销计划，宣传产品。

还有一个例子：假设你想获得硕士学位。这是一个有价值的目标，但如何开始呢？硕士学位需要多年的努力。当任务被细分后，我们可能会得到如下的开始任务列表：

1. **研究领域：** 调查哪些职业领域正在成长，并且可能在10年内获得高薪，同时把自己的兴趣和技能考虑在内。

2. **选择学位：** 确定最有可能帮助你在所选领域就业的大学学位类型。

3. 选择大学： 研究各个大学，找出那些在你所选择的领域提供最好的学位课程的大学。

4. 资助： 研究获得资助的可能性，如学生贷款、奖学金和储蓄计划。

5. 入学要求： 你达到入学要求吗？如果没有，你可以从学习课程开始，升级你的成绩单。

正如你所看到的，我们现在已经把一个令人望而生畏的4~7年的大型项目分解成一些可以从今天或本周开始的小任务。这适用于任何大型项目。甚至像建造房子这样的工作也可以从以下几点开始：

1. 研究社区。
2. 研究建筑者。
3. 检查抵押和融资选项。
4. 审查平面设计图。

如果你有一个已经拖延的大型项目，现在开始细化，把它分解成更小的、更容易管理的板块，然后一次处理一个任务。

一天的目标

你有没有经历过这样的事情：在新年伊始信誓旦旦地做出改变生活的重大决定，但几个月后却惨遭失败？是的，我也经历过。对我们大多数人来说，宏大的目标就像一个伟大的想法，但它往往摆脱不了失败的结局。我们更有可能完成我们承诺的事情，但是大的改变比小的改变更难实现。

不要制订一年的目标，而是制订一个非常短期的目标来执行——如一天的目标。比如，如果你想锻炼身体，这是一项艰巨的任务，你可以用很多不同的方法来实现。每天的承诺可能就是当天只做一件有意义的事情。今天的承诺可能是在午餐后散步，或者早起半小时做一个简短的瑜伽练习。然后你可以把这一套扩展到第二天，以此类推。大约三周后，你的新承诺慢慢变成了一种习惯。

这种承诺的下一个层次可能是去健身中心报名。在这之后，你可以在时间表中选择每周有三天去健身中心锻炼 1—2 个小时，那你第一天的目标是预约健身时间。现在你每天午餐后散步，每周去三次健身中心。你只需要很短的、一天的承诺就可以做到。

如果把这些承诺写下来，实现它们的可能性就更大，所以写下你一天的目标，安排在时间段或日历上。在手机上设置一个通知，提醒你午餐后散步或去健身中心，这可以使用“红色警报”。

这也有助于告诉别人你已经承诺要做某事。当我们周围的人知道并支持我们的承诺时，我们更有可能坚持到底。另外，当我们向别人宣布我们的新目标时，如果不能坚持，就会觉得自己很傻，所以就给了我们一些额外的动机来坚持我们的目标。（见 173 页“朋友互助！”）

先做最糟糕的事情

前面我已经说过意志力和自律是有限的资源，因此要合理使用，其最佳使用方法是先做最糟糕的事情。先设置计时器，然后全神贯注地工作一个或两个30分钟的任务模块，直至完成这项任务。如果我事先知道我只需要在一天中拿出半个或一个小时来完成一项不喜欢的项目时，我会觉得处理它其实不难。然后你可以在完成最糟糕的任务后，用一个更容易、更愉快的任务来奖励自己。但一定是在将时间投入到完成最糟糕的任务之后。

这也适用于任何大型、棘手的项目。每天拿出一小时左右的时间投入到这项工作中去，你会惊讶于这项工作变得如此简单。随着每天专注于最糟糕的任务，你最终会发现即使是最大和最复杂的项目也能很快完成。

规划自己的一天

既然你已经明确了“最糟糕”的项目，接下来就需要围绕它们来规划你一天的目标了。为最糟糕的任务预留一天中第一个时间段，但也要为其他重要的任务设置时间段。

无论是健身、学习乐器、参加课程还是写书，你都需要在一周内有一个固定的时间段来完成这些任务。要保证这一时间段是神圣不可侵犯的，不要让工作、其他人或其他事情闯入这个神圣的时刻。如果你的朋友想在这个时间段约你，告诉他们你现在忙得不可开交，并给他们其他几个可供选择的时间段。

坚持自己的时间安排可以让你实现多年来一直想做却没有做的事情，只有在这些时间段全情投入，你才能成功地实现自己的目标。

奖励自己

正如我之前提到的，当我们觉得自己的努力得到回报时，我们会工作得更好。比如，当老板拍拍我们的后背或给我们升职加薪时，或者当我们的爱人看到干净如新的车库而送给我们一个特别的礼物以示感激时。但这些事情我们一般无法掌控。因此，建立一个自我奖励机制，奖励不一定是很贵的东西——只要感觉上像个奖品就行。以下是奖励自己的一些便宜、简单的方法。

小奖励——每日任务奖励

把任务从清单上划掉：把任务从清单中划掉，有些人能从中得到极大的快乐。找一把特殊的尺子和一支记号笔，专门用来把任务从你的待办事项列表中划掉，把这项任务从你的一天中赶走，你会爱上这种感觉。

金色小星星：当你成功完成一项任务或很重要的活动时，可以给自己一个金色小星星。例如，每当你实现 30 分钟内不间断地专注工作时，或每当你记得先处理优先级最高的项目，而不是被分散注意力时，你可以奖给自己一个金色小星星（这套系统对孩子也很有用，尤其是当这些金色小星星可以用来兑换他们想要的玩具或体验时）。

保持链条完整：为了确保自己每天能写出新的材料，喜剧演员杰瑞·塞恩菲尔德在墙上挂了一个日历，并在他完成任务的日子里画一个大大的红 ×。他发现这个过程是值得的，而且越来越多的红 × 激励他每天继续写作，这样他就不必打破链条。同样，你也可以通过按照优先顺序设置第二天的待办事项列表或先处理最糟糕的工作等方式提高效能，最终建立一个红 × 链条。如果你每天都这样做，你将创造一个激励性的习惯让自己持续做这些事，从而保持链条完整。

活动 / 小奢侈品： 在实现日常目标后，你可以进行一些自己喜欢的活动或小小地挥霍一番来奖励自己。对我来说，我可能会去参加射箭郊游、买一个新的高尔夫球盘（比普通的高尔夫球更有趣、更便宜），或者买一个新的剃须刷。你可以把它和金色小星星计划结合起来，努力积攒金色小星星来兑换其他奖励。

更大的回报

累积： 你可以通过建立额外的奖励机制和积攒金色小星星让奖励升级。例如，如能确保 30 天、60 天或 90 天的链条不断裂，可以给自己额外特殊奖励。我有一个熟人，他就是这样戒烟的。只要当天不抽烟，他都会在账户上存一美元，这相当于他一天买烟的钱，目标是用攒的钱买一辆崭新的越野车。随着储蓄的增长，他戒烟的动力越来越强，他会想象和朋友们在森林里开新车的乐趣。

实现更大的目标：如果你实现了一个大目标，你可以用与目标重要性相匹配的活动或事情来奖励自己。如果因为你完成了一项优先级高的任务就买一辆新车奖励自己，这可能就有点过了。下面是一些奖励，你可根据具体情况自行选择。

◇ 在一家新开的餐厅享用一顿美味的晚餐。

◇ 参加艺术课或摄影工作室。

◇ 买新耳机。

◇ 周末乘轮渡出游。

◇ 去热带度假。

你不必等待别人奖励你，自己建立有效的奖励系统，将这些奖励与任务结合起来，实现职业目标和个人理想。

通过问“为什么”来不断地重新审视自己

“为什么？”是你可以问自己的最重要的问题之一。我为什么要这样做？为什么要完成这项任务？为什么这项任务是需要优先完成的任务？“为什么”给你的日常工作赋予了意义。当你知道为什么一个任务是重要的，也就是说，它如何与你的价值观或目标相联系时，你就有更大的动力去完成它。如果你看起来够勤奋，你总能找到促使自己努力的背后原因，即使这是你一天中最平凡的部分。

每天都要寻找灵感

你的生活不是漫无目的地负重前行。相反，你努力工作是为了养活自己和家人，因为幸福、健康的家庭关系对你很重要；你做家务是为了让家保持良好的状态，因为干净有序的生活空间对你很重要；你经常锻炼是因为健康对你很重要，等等。记住这些原因，激励自己努力工作，哪怕是无聊的工作。

你也可以在任务中寻找一些与你的价值观相一致的小细节来激励自己。比如，我一直很重视良好的客户服务，所以即使我在做一份不喜欢的工作，每当有客户来或打电话时，我都会很高兴，因为我真的很乐于帮助别人，这也让我的一天过得更快。帮助客户成为我每天的灵感源泉。

在家里，你每天的灵感可能来源于一些简单的事情，比如当你躺在刚洗过的床单上时，你会有一种美妙的感觉，因为你看重舒适。或者在吃了一顿健康的晚餐后，你的身体感觉很好，因为你看重健康。或者是当你弹吉他的时候，你的家人会很开心，因为你珍惜拥有一个幸福的家庭。

拿出“停止浪费时间”的笔记本，翻到新的一页，写下“我每天的灵感”这一标题，想想你每天需要做的所有事情，尤其是那些你不一定喜欢的事情。然后，花点时间思考一下为什么你要做每一项任务，以及如何将它与你的价值观联系在一起。像在第 41—42 页的练习中那样创建简单的项目符号。这两个练习的不同之处在于，现在你关注的是日常任务，而不是长期的、大型的任务。

朋友互助！

我的许多客户觉得他们和我一起工作时效率更高，因为我每周都给他们进行课程辅导，这有助于他们专注于自己想要完成的工作。但并不是每个人都有足够的预算与专业的时间管理专家合作。如果你属于这种情况，但你仍然希望有人能帮助你，因为你知道，为了不让自己的努力脱离正轨，你需要有一个有责任感的伙伴，他可以是一个朋友、同事、家庭成员，或者是你的团队中的其他人，他们会让你对自己要做的事情负责。

要实现这点，首先是与你的朋友分享每周的目标，然后每周安排谈话，讨论你们每个人为实现阶段性目标所取得的进展。你们互为对方的啦啦队队长，鼓励彼此保持正确的路线。要告诉你的朋友你每周的努力成果，这会帮助你保持动力去完成任务。另外，和你的朋友一起头脑风暴，这有助于克服困难，提供一个新的视角，或者启迪成功的新方法。

不完美也没关系

想象你正面临着一个“危机”的局面：你当天的计划被破坏得一塌糊涂，电话一直在响，电子邮件蜂拥而至。现在怎么办？当你忙着灭火、焦头烂额时，又怎能保持正轨呢？除了要遵循的建议外，还有三个步骤可以让你快速回到正轨。

1. **别自责**。事情发生了，现在就处理它吧。与其因为计划出差错而懊恼不已，还不如把精力花在解决问题上。

2. **重新分类**。起初，你将自己的任务分为三类来分配优先级，但现在你有了一整套新的任务，所以是再次进行任务分类的时候了。你需要快速评估新任务的优先级，并确认它们在现有任务中所处的位置。有些应用程序允许你将新任务拖放到优先级序列中以重新排序。这是一种按优先级重新组织任务的快速方法。（请参阅第62页，了解如何确定待办事项的优先级。）

3. **设置微型时间段**。也许你通常的时间段是30分钟，但是现在你的一天偏离了轨道，你花在每项任务上的时间变少了。你要对每个任务进行10到15分钟的快速评估。找到最高优先级的任务，确定时间段，在处理最高优先级的任务之前尽最大可能将任务委派给那些可以提供帮助的人。让这些项目动起来，如果可能的话，把任务当作旋转木马，每个任务在转盘上转15分钟。等到你觉得对每一件事都有把握之后，第二天再把时间段恢复到标准的长度。

坚持关键要素

你有没有注意到在度假前你通常会工作效率更高？这是因为你忽略了长期的工作，只关注在你离开之前需要完成的基本工作。同样，当一切都偏离轨道时，你需要回到最关键要素，暂时忽略长期的工作。把注意力集中在最优先、最紧急的任务上，并确保把这些工作先完成或委派他人。但不要让这种情况成为常态，因为长此以往，你会被忽略开放式和长期的项目所带来的后果反噬。

灵活变通

我喜欢做计划，但我讨厌其他情况把我的计划搞砸。不管是什么原因，我对改变自己的计划有着强烈的抵触心理。当我的日程安排出现问题时，我一般只会做一些小的调整，而不会全部推翻重做。虽然坚持在很多情况下很重要，但如果你不小心，就会由坚持变成固执，过犹不及。

因此，看看是什么搞乱了你的计划。最好的解决方案是调整计划，还是动态地创建一个新的计划？如果你面临的情况发生了重大变化，最好改变思路，制订一个全新的计划来适应新的情况。不要基于旧思维面对新情况。

寻求帮助

在分类过程中，如果发现自己无法在规定的时间内完成任务，在这种情况下，请向其他人寻求帮助。在工作中，我们的求助渠道包括经理、下属、同事、导师、助理和其他自由职业者、在线论坛和服务热线。在家里，你可以求助于家人、朋友、勤杂工和其他付费服务等。我们常常不愿意承认自己需要帮助，遇事宁愿独自承担，但事实上，向别人求助不会给我们带来任何损失。

职场中，经理在特殊情况下协助你是他分内的工作。除了经理和同事之外，如果经济条件允许，你也可以将部分工作外包给自由职业者或助理。当然，如果你想雇用外部人员来做数据输入、图形设计或其他公司专有的工作，你可能需要获得许可。

外包对于互联网研究等方面尤其有用。例如，如果你的任务是为公司的某个问题找到最好的软件解决方案，但你还有一堆工作等着去做，你可以将此任务外包，等把手头上的活都忙完了再根据助理的报告给出自己的推荐意见。在别人做了前期大量的调研之后，完成一份报告要快得多。在这种情况下，你不需要让公司的任何人知道将工作外包了。（许多成功人士都雇用助理来帮助完成各种任务，如互联网研究、个人日程安排、计划旅行等。）

当我在一个软件程序上遇到困难时，无论是在家里还是在办公室，我都会充分利用程序自带的技术支持。毕竟，技术支持人员是软件方面的专家，他们可能会向我指出一种解决方案。有些问题可能得花上我几个小时，而他们可能在几分钟内就能解决。我还发现在线论坛是非常棒的资源。在这些论坛中的任何一个主题上发表一个问题，通常只需几个小时或最多几天，我就能获得很多回答。

第五周：行动计划

正如你一直在做的，在笔记本、应用程序或软件中创建你明天的日程安排。这一次，记下你做每项任务的动机，这样你就可以记住为什么这些任务很重要。不必每次创建待办事项列表时都要这样做，但是如果对自己为什么要做某件事感到不确定，那么这种提醒是有帮助的。所以，至少对于明天的上层结构，要努力找出每一个项目背后的“原因”。

当你开始整理明天的日程时，记住以下几点：

◇ 首先处理“最糟糕的任务”，确保最棘手的任务和项目在你专注力最好的时候得到关注。

◇ 将较大的项目拆分成较小的模块和任务。

◇ 行动起来，坚持每天的目标。

查看前几周的每个行动计划。你现在应该有一套稳固的系统，然后根据个人喜好和成果最大化原则继续为第二天创造一个上层结构。做得好！

本章小结

你学到了

◇ 通过将任务同“为什么”联系起来可以有效地维持动机。

◇ 有一个自我奖励机制有助于你在处理无聊的任务中维持动机。

◇ 短期承诺比改变生活的大型承诺更容易实现，但短期承诺最终同样会带来重大变化。

你学会了如何

◇ 先做最糟糕的任务。

◇ 通过朋友互助帮助你履行承诺。

◇ 当一切都出错时回到正轨。

CHAPTER 7

第七章

拖延症的自测

第七章
拖延症的自测

祝贺你！在我们共度的五个星期里，你走了一段很长的路。你已经探索出了拖延的根源；你已经学会了停止浪费时间和开始做事的策略和技巧。你拥有结束拖延症所需的一切。但是，根据我的经验，许多人最终还是会半途而废，所以现在让我们来讨论这个问题。

把这本书当作一个持续的资源。你可以不时地重读这本书，重拾这些技巧，再慢慢回到正轨。你也可以在 captaintime.com 上关注我的博客，了解新的技巧和资源。除了重读这本书，让我们来探讨一些其他关于如何确保长期成功的想法。

找到最佳工作流程

当人们问我遵循哪种时间管理程序时，答案是“没有”

和“全部”。因为每个人的工作方式都不同，所以没有哪一套时间管理系统可以做到放之四海而皆准。我和妻子使用不同的应用程序和方法，但我们都很有效率。我妻子之所以使用不同的应用程序和方法，是因为她和我有不同的学习风格。

我不是教条地坚持某套系统，而是从我遇到的每套系统中“借用”最佳策略和技巧。我建议你采取同样的方法。我认为学习时间管理是探索、应用和调整你所学的内容，以便将其应用到自己的情况中，而不是采用单一的系统。全面评估本书中的每一种技巧和策略，看看哪一种能与你产生共鸣，并在特定情况下效果最好。每天严格地使用这些技巧，并在此基础上进行扩展。

如果我推荐的技巧似乎都不适合你，看看这个技巧所要解决的问题。你真的有这个问题吗？如果没有，你可以先把它暂时搁置起来，直到你需要它为止。如果你有这个问题，但是这个技巧不能解决，那么修改这个技巧以满足自己的需要，或者寻找其他技术，不断尝试，直到你找到一个适合自己、能解决这个问题的技巧为止。你可能会认为自己目前还不需要这些，但是随着你责任的增加或者一些简单的拖延问题的解决，这些技巧可能变得很重要。

内省并不断提高自己

重要的是要不断地重新审视自己的效能系统，以确保它们对你真正有用。你可以独立完成，也可以与朋友互助或请专业人士帮你一起完成。即使事情进展顺利，也不要自满。不断内省并问自己：

◇ 这是下一个最重要的任务吗？

◇ 有更好的方法吗？

◇ 这项任务可以进行自动化处理吗？

◇ 我可以将此任务委托给其他人或外包给其他人吗？

◇ 我这周有没有为个人理想和职业目标留出时间？

必要时记得寻求帮助。你的团队、经理、互助伙伴、助理、自由职业者、家人、朋友、付费助手，或者像我这样的时间教练都能帮助到你。

做自己最好的盟友

学会成为自己最好的盟友。善待自己是我们必须学习的最难的课程之一。当你内心的声音不断地批评你并摧毁你的信心时，你很难成功。当内心批评的声音开始对你指手画脚的时候，就关掉它。与其花时间和精力去担心或批评自己，不如把时间和精力重新投入到解决问题，学习更多的东西和提高自我上。

如果你缺乏信心，可以考虑与教练合作，参加关于建立自信的线上或线下课程。你在重拾自信的同时也能获得动力。越自信，就越成功，收获也就越多。因为我在演讲和教学中获得了自信，所以越来越多的人开始认可我，邀请我在活动中演讲或是培训他们的团队。现在，联系我的人越来越多，成功来得也更容易。

当我面对大型项目和工作量过大时，我相信我有能力出色地管理它们。我不担心前面的任务，而是像急诊室的专业人员一样对任务进行分类、分配优先级，并确保先优先处理关键任务。别误会——我仍然觉得有些任务令人讨厌或无聊，但我有应对它们的策略（如果我不能委派他人或将其外包），而不是拖延它们。我已经和大家分享了这些策略。

别忘了属于自己的个人生活

虽然我在这本书中提到的许多例子和技巧对于结束工作中的拖延特别有用，但不要忘了给你的个人生活添加一些色彩。我们的个人目标和梦想在很多方面比工作目标更重要，但不知何故，我们总是把工作放在第一位，而把个人目标置于工作之后。让自己放松一下，这是我们应得的，每周留出一段时间来完成个人目标、爱好，并保证这段时间不受干扰，不要让工作或其他人侵占这个关键的神圣时段。

为自己而工作

没人教我们要重视自己，我们从小接受的教育是：关注自己是自私的，我们更应该关心我们的家庭和他人。甚至在职场中，关注自己的诉求都被认为是自私的。但是，我们首先要照顾好自己，才能有精力、时间、技巧和成就来照顾他人，包括我们自己的家庭、同事、当地社区以及我们的工作。也许你甚至可以通过考取国家公务员来服务你的国家。如果你能胜任，或许你会越来越成功，请告诉我这本书中的哪些应对拖延症的技巧是如何帮助你实现目标的。

拖延者的检查列表

使用以下检查列表确保你遵循了“停止浪费时间和开始完成工作”所需的所有步骤：

对拖延有清楚地认知（第 1 周）

◇ 当自己开始拖延时，能意识到这个问题并多加留心。

◇ 使用箭头向下法找出每个任务拖延的根源。

◇ 用积极的思想代替消极的思想。

上层结构（第 2 周）

◇ 准备好一套任务列表系统，手写的、基于应用程序的或是基于软件的均可。

◇ 将任务分类并设置优先级。

◇ 使用零邮件收件箱技术。

◇ 不断复查以确保自己的任务处理遵循优先级原则。

◇ 为未来的每一天创造自己的上层结构。

时间小偷（第 3 周）

◇ 打败时间强盗，减少干扰。

◇ 合理安排，定期休息。

专注力（第 4 周）

◇ 执行单一任务。

◇ 将红色警报和通知的数量降到最低。

◇ 批量处理任务。

◇ 冥想以集中注意力。

◇ 养成良好的睡眠习惯。

◇ 合理膳食以获取最大能量。

◇ 经常锻炼和运动。

动机（第5周）

◇ 将工作与工作的原因联系起来。

◇ 在日常工作中找到动机。

◇ 将大型或长期项目拆分。

◇ 列出一天的工作。

◇ 合理安排时间表。

◇ 通过问“为什么”来不断地重新审视自己。

◇ 找个可以互助的伙伴。

◇ 让系统在危机情况下仍能保持正常运行。

第七章
拖延症的自测

读这本书之前，你可能认为这个为期五周的培训项目内容太满了，你根本没有时间完成，所以你可能已经把这本书丢在一边，回到过去的老习惯中……下个星期？下个月？明年？如果我们一起学习的这段时间你依然一无所获，希望你至少已经意识到，当你把重要任务推迟到未来某个假设的时间时，这就是在做空自己。希望在过去的几周里，你投入地工作并开始努力实现目标。你找到了最适合自己的技巧和策略，帮助你摆脱拖延症，开始朝着你想要的生活努力。你的成功和成就不应该被推迟到未来，因为你现在就可以拥有这些。